COLEÇÃO EXPLOSANTE

ubu

ALAIN BADIOU

PETROGRADO, XANGAI

AS DUAS REVOLUÇÕES DO SÉCULO XX

TRADUÇÃO
CÉLIA EUVALDO

7 Uma introdução ao pensamento político de Alain Badiou
IVAN DE OLIVEIRA VAZ

31 Advertência

33 [1] SOBRE A REVOLUÇÃO RUSSA DE OUTUBRO DE 1917

51 [2] AS "TESES DE ABRIL" DE LÊNIN: UMA OBRA POLÍTICA

59 [3] A REVOLUÇÃO CULTURAL

87 [4] OUTRA OBRA POLÍTICA: A "DECISÃO EM DEZESSEIS PONTOS" DO PARTIDO COMUNISTA CHINÊS

106 Sobre o autor

107 Indicações bibliográficas

109 Índice onomástico

UMA INTRODUÇÃO AO PENSAMENTO POLÍTICO DE ALAIN BADIOU

IVAN DE OLIVEIRA VAZ

Não é nenhuma provocação tola o que o leitor está prestes a ler. Também não é a defesa irresponsável de regimes políticos sanguinários o conteúdo deste pequeno livro. Poderíamos mesmo sugerir que nada impede comemorar Agosto de 2019, que é quando se completam os trinta anos da Queda do Muro de Berlim, tal como se comemorou Outubro (ou Novembro) de 2017, data do aniversário de cem anos da Revolução Russa: da perspectiva que vai ser apresentada logo mais, nessa dupla comemoração, não há necessariamente uma contradição absoluta.

Ou, para dizer a mesma coisa de maneira um pouco diferente: o convite que se faz aqui, de pensar o teor emancipatório de duas grandes revoluções políticas do século XX, não pretende conduzir a uma forma mais elaborada de desculpar as ditaduras socialistas delas resultantes, como também não corresponde a um grotesco truque de mágica que fizesse desaparecer a memória dos muitos homens e mulheres mortos nessas ditaduras. Não se pede ao leitor que ignore os dados, as estatísticas, os fatos; da mesma forma, não se pede ao leitor partidarismos, ausência de compaixão ou sede de sangue contra o que ele possa acreditar ser "o lado de lá". Pede-se apenas algum tempo para refletir. E pede-se, sobretudo, que esse tempo seja dedicado a pensar a política sem que de antemão se dê a escolha quanto a qual dos ditadores homenagear: não importa se à direita ou à esquerda, entendemos que a atividade de pensar a política deve ser algo melhor do que polir o bronze das velhas estátuas de chefes autoritários.

Mas, então, como levar a sério o elogio feito a duas revoluções tão estreitamente vinculadas aos nomes de Lênin, Stálin e Mao, personalidades históricas conhecidas não só por suas tendências centralizadoras, mas também pelo que seriam efetivamente suas práticas autoritárias? Que nos seja concedido, porém, fazer a pergunta inversa: o autoritarismo de Lênin, Stálin e Mao explica completamente o acontecimento dessas duas revoluções: a Revolução Russa e a Revolução Cultural Chinesa? Tudo o que se pode encontrar nelas é uma manifestação do caráter tirânico desses homens? Ou será questão de entender, em sentido ligeiramente diverso, que toda revolução nada mais é do que a ocasião para que o tirano que existe em cada homem venha a se manifestar em desfavor das pessoas submetidas a seu poder? É a revolução a real explicação desse autoritarismo? Não desconsideraríamos, assim, que essas duas revoluções foram respostas a circunstâncias elas mesmas autoritárias? E que estranha maneira de dar nascimento a um autoritarismo, essa que, insurgindo-se contra circunstâncias autoritárias, passa a pregar uma radical igualdade entre todos os homens! Pediremos, portanto, ao leitor, mesmo que seja somente durante a leitura deste livro, que considere a possibilidade de não entender revolução e autoritarismo como uma única e mesma coisa. Se negar alguma relação histórica entre os dois é impossível, pode-se pelo menos contestar que ela seja inevitável. E enxergar essas duas revoluções para além de um enquadre totalitário é exatamente o que propõe Alain Badiou nos quatro textos reunidos neste livro.

Naturalmente, caberá ao leitor julgar se as razões do filósofo são boas ou não, se são suficientes ou tristemente deficitárias quanto ao cumprimento da difícil tarefa de releitura das duas revoluções. Mas, nas páginas que seguem, tentaremos providenciar algumas coordenadas que talvez ajudem o leitor a se situar diante das linhas teóricas gerais dessa releitura. Para isso, realizaremos uma apresentação sumária do percurso traçado pelo desenvolvimento das ideias políticas de Badiou, com o que poderemos dar algumas pistas sobre sua filiação ao maoismo: sem dúvida, teremos aí a oportunidade de comentar seu radicalismo político e sua disponibilidade ao combate extremo contra a ordem estabelecida; mas teremos igualmente a oportunidade de especificar o que traz de novo essa filiação ao partidarismo e ao estatismo, tão característicos de seus pares comunistas.

ANOS DE FORMAÇÃO

Antes de mais nada, uma breve reconstituição biográfica.

Alain Badiou nasceu em 1937, na cidade de Rabat, Marrocos, onde seu pai, Raymond Badiou, ensinava matemática a classes de secundaristas. Foi com seu pai, portanto, que aprendeu as primeiras lições sobre a importância desse pensamento que, sendo formal, é relativamente livre da matéria a que se aplica. A matemática sempre norteará as pretensões do filósofo francês de viabilizar um pensamento universal, uma vez que pode ser formulada e enunciada por qualquer pessoa, desde que atenda aos critérios de uma exposição consequente, isto é, desde que seja passível de demonstração.

Mas foi também seu pai quem o introduziu a suas primeiras lições sobre política: membro da SFIO, a Seção Francesa da Internacional Operária (em francês, *Section Française de l'Internationale Ouvrière*), Raymond fez parte da resistência francesa contra a ocupação nazista, vindo a desempenhar, após o processo de liberação de seu país, a função de prefeito da cidade de Toulouse. Acrescente-se que, no exercício de seu mandato, Raymond chegou a tomar uma série de medidas políticas com forte caráter social-democrata, sustentando, em face das exigências adversas do poder, sua orientação ideológica. O porte heroico desse pai, a um só tempo resistente e socialista, certamente impressionou o jovem Alain, que, num primeiro momento, como é usual acontecer, deverá medir sua própria estatura a partir do modelo providenciado pela figura paterna.

Em seus anos de formação, Alain Badiou contará, pois, com esse duplo referencial político: trata-se de duas ocasiões em que podem reluzir as noções, ainda confusas, de coragem e de justiça. Nesse sentido, em 1958, Raymond terá ainda mais uma oportunidade de dar ao filho um exemplo político simplesmente notável: mesmo tendo sido reeleito, ele abandona suas atividades junto à SFIO e à prefeitura de Toulouse em consequência de seu posicionamento quanto à guerra da Argélia, tendo o professor de matemática se mantido firme em sua oposição ao confronto militar. Em visível contraste com a opinião corrente, tendente às conveniências de um egoísmo nacionalista, ele faz veemente oposição a uma guerra extremamente violenta movida pela República Francesa contra um país que à época ainda era sua colônia – devendo-se levar em consideração que a França serviu-se de meios verdadeiramente bárbaros para evitar que os argelinos se tornassem independentes, entre os quais mencionaremos especificamente a prática sistemática da tortura. Assim, combina-se ao episódio anterior, de resistência à ocupação estrangeira da França pelos alemães (colocando acima de qualquer dúvida o amor de Raymond por sua pátria), o episódio de uma defesa irrestrita do direito que teriam todos os homens de revoltar-se contra circunstâncias injustas, dando lugar à convicção de que a justiça, se houver uma, deve ser válida para todos. Ainda que Badiou já estivesse com 21 anos na ocasião – idade que talvez dispense as lições paternas –, é impossível não constatar a convergência de ideais.

No final da década de 1950, em via de conquistar sua autonomia intelectual, Alain, sem se desfazer da matemática ou do socialismo, realizará um dos mais importantes encontros para a progressão de sua trajetória como filósofo: ao travar contato com o pensamento de Jean-Paul

Sartre, o jovem Badiou cai de amores pela filosofia. Nesse apaixonado encontro, anuncia-se sua vocação: a de tornar-se, ele próprio, filósofo. Espelhando-se em seu recém-descoberto mestre, nessa época, Badiou não só rascunha seus primeiros escritos filosóficos, como também se habitua a diversificar consideravelmente sua produção: a partir de então, põe-se a escrever peças de teatro, romances e críticas literária, musical e cinematográfica, além, é claro, de textos com conteúdo eminentemente político. A exemplo de Sartre, que se valia de sua figura como intelectual público para denunciar o colonialismo como sistema – tendo este acusado as vantagens de que a própria França desfrutara nesse arranjo geopolítico, por exemplo, por meio do controle exercido sobre o Marrocos, a Tunísia e a Indochina, sem falar na própria Argélia –, Badiou dá início a suas reflexões políticas. E insinua-se um novo ponto de vista, a que ele pôde ser conduzido com a graça do engajamento sartreano: nesse espectro mais amplo, em que o colonizado se torna uma personagem política tão importante quanto o trabalhador francês, o socialismo começa a dar lugar à perspectiva mais global do comunismo.

Na sequência, nos anos 1960, apelando às inclinações matemáticas de Badiou, entra em cena o estruturalismo: caracterizada por suas elevadas pretensões científicas, essa corrente de pensamento causa uma verdadeira reviravolta na intelectualidade francesa. Acreditando ter possibilitado o conhecimento exato de certos aspectos visados pelas ditas ciências humanas e, em alguns casos, tendo-o feito sob a orientação de um formalismo bastante rigoroso, o estruturalismo substitui a filosofia sartreana como principal referência teórica na cena intelectual de então. O jovem Badiou não permanece indiferente à sua influência, aproximando-se especialmente de Louis Althusser, aquele que virá a se tornar o mais importante intérprete de Marx na França da segunda metade da década de 1960. Porém, durante toda essa década, após a reviravolta causada pelo estruturalismo, o pensamento de Badiou passa a se ver afetado por uma grave contradição: tentando ajustar-se ao rigor conceitual preconizado pelo programa de pesquisa de Althusser, o qual não deixava qualquer espaço para uma dimensão subjetiva da política revolucionária, ainda assim permanece no horizonte do jovem filósofo a pretensão de conformar uma organização política que se desse de acordo com uma dimensão subjetiva, esta última devendo assumir a forma de uma liberdade pura, tal como afirmada pelo pensamento de Sartre. Nesse propósito, aparentemente insensato, encontra-se uma das características mais importantes do que virá a ser sua filosofia, qual seja, a manutenção de um registro subjetivo que não equivalha à mera denegação do mundo objetivo.

Por fim, ao concluir sua formação político-filosófica, irrompem o ciclo mais radical da Revolução Cultural Chinesa, em 1966, e o Maio de 1968, na França. Na China, aprofundando a revolução em curso, desencadeia-se uma contestação geral das hierarquias baseadas no saber técnico-científico: demanda-se, pois, que o conhecimento dos trabalhadores tenha pelo menos peso igual nas decisões administrativas das fábricas. Na França, a começar pelo mês de fevereiro de 1968, quando os primeiros desentendimentos entre estudantes e autoridades governamentais eclodem com maior estrondo em Nanterre, multiplicam-se as manifestações estudantis e as greves, que se alastram de forma potente e completamente imprevista. As primeiras irradiam-se a partir de Nanterre e da Sorbonne para o interior da França, logo se espalhando pela maior parte do território nacional; as últimas, ecoando a conclamação de greve pela Confederação Francesa do Trabalho (CFDT), alcançam rapidamente empresas de grande porte, como a Renault e a Sud Aviation. E, durante o mês de maio, inicia-se o tempo dos épicos confrontos dos estudantes e da população civil contra a polícia, confrontos que transformam Paris em um enorme campo de batalha, com suas ruas bloqueadas por carros em chamas e barricadas:

enquanto tropas de choque disparam gás lacrimogênio contra os manifestantes, estes revidam com as pedras do calçamento; ao fim de cada batalha, que se estende madrugada adentro, centenas de feridos são transportados para os hospitais e as prisões. Mas a onda de manifestações estudantis e de greves conflui inesperadamente, criando uma enorme movimentação que não pode mais ser refreada só pela violência da atuação policial: depois de uma série de serviços ser descontinuada em Paris (o abastecimento de alimentos e de combustível, o transporte público etc.), a greve é praticamente geral, estendendo-se a quase todos os setores da economia do país (tendo sido estimado o número impressionante de dez milhões de trabalhadores paralisados); o governo, incapaz de dar uma resposta imediata, torna-se o palco de um espetáculo no mínimo atípico, em que o Ministro da Educação se demite e o então presidente, o general De Gaulle, após ter deixado a França por um curto intervalo de tempo (numa viagem à Romênia, que durou de 14 a 18 de maio), faz arriscados malabarismos, dissolvendo a Assembleia Nacional e convocando eleições para o fim de junho.

Muito embora viesse a ocorrer, já em junho, a desmobilização das manifestações estudantis e das greves, o sentimento da possibilidade de alterar radicalmente o estado vigente de coisas, cedendo espaço para a ideia de instituir uma ordem política mais justa em seu lugar, acompanhará ainda por muito tempo algumas das pessoas que participaram ativamente daqueles acontecimentos, como é o caso, seguramente, de Alain Badiou.

MAOISMO, MANCHA INDELÉVEL DO COMUNISTA?

Estando mais bem inteirados do contexto em que o pensamento político de Badiou ganha forma, podemos entender agora em que condições se deu sua filiação ao maoismo: numa época em que os levantes violentos contra os enormes danos ocasionados pelo colonialismo tinham ainda uma grande relevância, um desdobramento do marxismo-leninismo, que soube manter vivos os ideais revolucionários numa frente não europeia, parecia justamente conferir a pretendida universalidade à radical contestação das hierarquias instituídas. Mencione-se ainda que, por ter precedido o Maio de 1968 francês, era como se a Revolução Cultural Chinesa viesse se oferecer em resposta aos anseios suscitados por circunstâncias nada menos que extraordinárias, como se fosse um repertório de onde sacar os instrumentos para lidar com situações políticas inteiramente novas.

Contudo, se isso ajuda a compreender o como, não necessariamente nos adianta um porquê: mesmo que conheçamos alguns dos episódios que levaram Badiou a se tornar maoista, não chegamos a ter a oportunidade de sermos persuadidos por suas ideias. E o caso de Badiou complica-se se lembrarmos que seu maoismo não se limita a uma loucura de juventude: se para muitos dos intelectuais da época o maoismo também foi uma parada convidativa, talvez até obrigatória, ela nem por isso deixou de ser passageira. Mas mesmo hoje Badiou insistirá em dizer, a respeito de seu maoismo: "Aqui estou, aqui estou sempre". Por quê?

Nessa atitude, que não parece diferir muito de teimosia pura e simples, os críticos encontram a justificativa de que precisavam para encarar o filósofo francês como apenas mais um defensor de regimes totalitários. Aos olhos deles, Badiou não só seria afetado pelo velho vício dos intelectuais franceses, que é o de confundir o ofício da escrita com a atividade política, como, muito pior, seria um intelectual completamente engessado em anacronismos indefensáveis. Numa época em que nem os comunistas têm disposição para dizer-se comunistas, as palavras de ordem a que apela Badiou soam como caduquice. E até a herança que ele reclama a 1968 seria considerada imprópria, uma vez que, para muitos historiadores e teóricos, o que esse período de intensa efervescência política traz de novo à história do Ocidente é a inserção de várias lutas e reivindicações populares no circuito democrático, por meio de uma diversificação e de uma visibilização de pautas nunca antes alcançadas. Mesmo quando considerado em seu próprio tempo, digamos, na década de 1970, quando seus textos assumem um caráter mais panfletário e preocupado com a ação política, Badiou deve parecer a alguns irremediavelmente antiquado: em meio às incomensuráveis riquezas da chamada filosofia da diferença, ele falava ainda de partido, povo, luta de classes, dialética etc.

E, a bem da verdade, alimentando as suspeitas de seus críticos, se consultarmos *Teoria da contradição*, uma das principais obras do período em que Badiou se encontrava mais fascinado pelo maoismo, leremos: "O marxismo, antes de ser a ciência desenvolvida das formações sociais, é o breviário daquilo que é exigido pela revolta: que se lhe dê razão. O marxismo é tomada de partido e sistematização de uma experiência partidária".[1] E, logo em seguida, veremos acrescentar-se: "A verdade marxista não é uma verdade conciliante. Ela é, por ela mesma, ditadura e, se preciso, terror".[2] No entanto, não seria difícil mostrar, por meio de uma análise cuidadosa da obra em questão, que as palavras ditadura e terror, nessa frase, não são sinônimos de tirania. Indo além, afirmaremos categoricamente que, a despeito de serem de fato ingredientes de seu pensamento militante na década de 1970 e parte da década de 1980, violência e partidarismo não constituem a essência de seu maoismo, nem tampouco são indispensáveis para a preparação daquilo que, a certa altura, o filósofo chamará de a "hipótese comunista".

---

1   Alain Badiou, "Théorie de la contradiction", in *Les Années rouges*. Paris: Les Prairies Ordinaires, 2012, p. 12.
2   Id., ibid.

Em primeiro lugar, porque a afirmação da violência como um dos possíveis meios de dar prosseguimento à luta política tem tanto uma história como um contexto. O contexto, como viemos sugerindo, é o de um século incrivelmente violento, marcado por duas guerras mundiais e pelos movimentos de independência das colônias africanas e asiáticas remanescentes do imperialismo europeu, sem falar na polarização criada pela Guerra Fria. Mas existe também uma história que explica a persistência desse elemento dentro da tradição comunista. No ciclo de lutas revolucionárias que poderiam ser entendidas como componentes da história real do comunismo, a Comuna de Paris, de 1871, acabou por se tornar um marco por ser uma das primeiras experiências políticas modernas orientadas pelo ideal de radical igualdade entre os homens; mas também, e sobretudo, ela passou à memória dos revolucionários como o símbolo de algo impraticável, por ter sido impiedosamente massacrada pelas forças que lhe faziam oposição. É por isso que, num dos textos de Badiou que o leitor deverá apreciar logo mais, a Revolução Russa figura como a "evidência da possibilidade de possibilidade" do comunismo: a partir de então, o comunismo se insinua à realidade como algo alcançável, a despeito das violentas tentativas de evitá-lo. Devemos lembrar aqui, muito oportunamente, da existência de uma lenda que diz que, cem dias depois de consumada a Revolução de Outubro, Lênin dançou na neve em comemoração à longevidade da vitória dos bolcheviques, cuja duração passava a exceder em pelo menos um dia a da Comuna de Paris. A ideia expressa nessa lenda, claramente, é a de que o massacre pelas forças externas não era uma fatalidade com data prefixada: ao que tudo indicava, podia-se fazer a própria história. Portanto, violência, para essa tradição de lutas revolucionárias, tinha um sentido muito forte de medida defensiva ou de contra-violência. Isso, claro, não foi o bastante para impedir que a Revolução Russa desmoronasse pouco tempo depois de seu triunfo, com o auxílio dos próprios bolcheviques, e precisamente na medida em que eles tentassem assegurá-la antecipando-se aos ataques de todos aqueles que enxergavam como seus inimigos. Sem sombra de dúvida, a Revolução pôde sobreviver às investidas do exército branco, que pretendia restaurar a monarquia na Rússia, sobrevivendo, portanto, a parte da guerra civil por ela desencadeada. Mas o que acontece em 1921, com o massacre de Kronstadt – o sufocamento de um levante de marinheiros e de operários antes aliados aos bolcheviques –, muito provavelmente consiste num processo irreversível: dali em diante, todos os adversários políticos serão considerados prováveis inimigos mortais. Stálin nada mais fez que aperfeiçoar um procedimento inventado por Lênin e Trótski, que era o de preferir o partido e o controle do Estado aos conselhos populares (os chamados sovietes).

Entretanto, avançando para o segundo ponto de nossa consideração, o maoismo de Badiou indica com relativa precisão alguns dos limites que ele acreditava encontrarem-se interditos à violência praticável pelo partido. Como indicamos, partidarismo e violência são de fato ingredientes importantes de seu engajamento político na década de 1970, mas nem por isso eles deveriam ser considerados seus ingredientes principais. O que, entre outras coisas, quer dizer que, apesar de o marxismo ser definido pelo filósofo como "tomada de partido e sistematização de uma experiência partidária", para ele, não é toda violência em nome do partido que encontra justificativa ante a razão dos revolucionários. Na verdade, seu limite estaria de alguma forma previsto numa máxima de Mao Tse-tung discutida longamente por Badiou no início de *Teoria da contradição* e que enuncia o seguinte: "Tem-se razão em revoltar-se contra os reacionários".[3] De sorte que, ao considerar a possibilidade de os reacionários tomarem completamente o partido (como acabou acon-

---

3   Id., ibid., p. 11.

tecendo na União Soviética), a tomada de partido deve se dar em favor dos revoltosos, isto é, em favor de quem se levantasse contra a instituição do partido, e não em nome do partido como instância suprema que decidiria quem pode ou não tomar parte na revolução. Se a Revolução Cultural Chinesa trouxe uma nova compreensão de como levar adiante as lutas revolucionárias, essa compreensão, segundo Badiou, dizia respeito à possibilidade de revoltar-se inclusive contra o próprio partido comunista e contra o exercício de seu poder estatal. Isso ocorre porque entende-se que o marxismo, enquanto carrega o estandarte do comunismo, providencia uma outra ideia de poder político: ele é tomada de partido porque deve dar lugar a uma divisão da realidade, por meio de uma nova forma de afirmar o poder popular, em clara distinção à maneira corrente de fazê-lo. Certamente, essa divisão não é provocada por qualquer revolta: apenas as revoltas guiadas por uma ideia verdadeiramente universal têm a capacidade para isso. Mas, mais importante, as divisões da realidade não restam indiferentes às práticas responsáveis por sua concretização: se o partido comunista vem a exercer seu poder tal como o faria um partido burguês, sua denominação como comunista é, muito obviamente, incapaz de produzir qualquer coisa que mereça esse nome. Como diz Badiou no mesmo *Teoria da contradição*: "Que o partido proletário venha a ocupar o posto estatal, [isso] nada mais é que uma permutação sem interesse".[4] É antes a afirmação nova do poder popular, por meio da criação de novas modalidades para seu exercício, o que interessa. E, contrariando as expectativas quanto ao suposto teor do pensamento de Badiou, é isso o que interessa porque essa afirmação de um novo poder popular torna viável o desaparecimento do próprio Estado, em conformidade com os reais anseios do comunismo.

---

4   Id., ibid., p. 59.

Repare-se, pois, que, ao longo da trajetória intelectual de Badiou, uma constante é a do papel principal desempenhado pela contrariedade na lógica de seu pensamento político. É a propósito da contrariedade que ele prefere a dialética à diferença e à multiplicidade visadas pelo pós-estruturalismo. Como é também em nome dessa mesma contrariedade que, a certa altura de sua trajetória intelectual, o filósofo tentava recuperar não exatamente os teóricos, mas aqueles que teriam sido os verdadeiros praticantes da dialética, ou bem aqueles que se aplicaram a pensar e a teorizar sua prática política. Isso não significa que a diferença e a multiplicidade devam ser desprezadas ou ignoradas. O problema, antes, é de organização política: quem se contenta com a diferença, com a viva multiplicidade que se vê afirmada pelas massas revoltosas (afirmação da multiplicidade que era patente em Maio de 1968), ignora o fato de que essa diferença geralmente é indiferente ao exercício do poder político. Basicamente, porque ela não propõe nada em substituição ao estado vigente de coisas: o elogio da diferença não indica como é que a diferença, que é um traço necessário da realidade e mesmo uma característica banal desta última, poderia trazer algo de novo à política, falhando, pois, em mostrar como ela pode existir de uma forma que seria ela mesma diferente, isto é, contrária à existência anterior. É bem conhecida a piada do homem que explica a seu amigo a diferença entre o capitalismo e o comunismo: "O primeiro é a exploração do homem pelo homem", diz ele; e, quando indagado por seu amigo quanto ao segundo dos dois termos, ele responde: "É o contrário do primeiro!". Ora, Badiou nunca perderá de vista a tragédia que pode resultar da comicidade explorada por essa piada, que se baseia na possibilidade de que a contrariedade seja dissolvida na mera diferença, como se um e outro, capitalismo e comunismo, fossem os lados, certamente diferentes, mas apenas diferentes, de uma mesma moeda (como a piada deixa muito claro, que o homem, que antes era explorado, passe a explorar seu antigo mestre, disso não resulta nenhuma mudança real do problema). Por isso, diante dos acontecimentos da Revolução Cultural Chinesa e do Maio de 1968 francês, orientando-se pela necessidade de uma organização política, Badiou, de maneira ambígua, manterá em seu horizonte o referencial do partido. De maneira ambígua, dissemos, porque ao partido ansiado pelo filósofo mal caberia o nome de partido, afinal, seu propósito não é o de representar o povo e, sim, o de dar sequência a uma série de divisões da realidade, compreendendo-se nessa sequência igualmente as divisões que impossibilitam identificá-lo às massas revoltosas, como seria o caso se o partido arrogasse para si as pretensões de expressar exata e imediatamente o que elas queriam. Dessa forma, mirava-se um partido que soubesse servir às massas ao manter-se fiel aos acontecimentos políticos capazes de dividir a realidade, pelo que esse partido viria a demonstrar, reiteradamente, a improcedência de seu próprio arbítrio.

SER FIEL À REVOLTA, REPETIR ALGO QUE NÃO O MESMO

O que o pensamento político de Badiou procura afirmar, desde *Teoria da contradição*, está muito bem expresso na seguinte advertência: "A verdadeira questão dialética, na linha de frente, não é jamais: o que se passa de importante? [...] A verdadeira questão é sempre: o que se passa de novo?".[5] Essa pergunta pelo novo percorre toda a sua obra e pode ser observada nitidamente na elaboração mais madura de sua filosofia, quando o surgimento do novo ganha carnadura conceitual e passa a atender pelo nome de *acontecimento*, referindo-se este não só ao domínio da política, como também àqueles correspondentes ao amor, à arte e à ciência. Aquilo que em francês se diz *événement*,

---

5   Id., ibid., p. 94.

o acontecimento, é um tema fundamental de seu pensamento e não por acaso está presente no título do trabalho filosófico mais importante de Badiou, *L'Être et l'événement*, ou seja, *O ser e o acontecimento*.[6]

Apesar de se relacionar com as massas e com suas revoltas, é preciso ter bem claro que o que caracteriza o acontecimento político, para Badiou, não é o número. Se 51% da população de determinado país quisesse aniquilar os 49% restantes e fosse às ruas manifestar esse desejo mórbido, isso não seria de maneira alguma um acontecimento no sentido em que o filósofo emprega o conceito, mas apenas uma demonstração pura e simples de demência coletiva. Em política, o que é novo, o que faz acontecimento, tem a ver sempre com o que Badiou chamava, na década de 1970, de "invariantes comunistas" – práticas que sintetizam formulações igualitárias "antiproprietárias e antiestatais".[7] E são os invariantes comunistas que darão lugar ao que o filósofo chama, em *Teoria do sujeito* (de 1982), de "ideia comunista"[8] e, nos dias de hoje, de "hipótese comunista".

A propósito da hipótese comunista e de suas precursoras na trajetória do filósofo, é indispensável enfatizar que o que elas colocam em questão são práticas, e não meras ideias, discursos ou doutrinas. As inclinações matemáticas de Badiou – patentes tanto nas estranhas formalizações a que ele costuma recorrer quanto em sua proposta, incrivelmente ambiciosa, de estabelecer uma equivalência entre a matemática e a ontologia (tese defendida em *O ser e o evento*) – aparentemente demandam a retomada de uma das mais conhecidas críticas endereçadas aos revolucionários franceses. Edmund Burke, em 1790, já advertia

---

6   Na edição brasileira, *événement* é traduzido como evento, e o título é *O ser e o evento*.

7   Id., "De L'idéologie", in *Les Années rouges*, op. cit., p. 148.

8   Id., *Théorie du sujet*. Paris: Seuil, 1982, p. 334.

contra o espírito geométrico desses homens que, ansiosos por criar um mundo inteiramente novo, tratam seu próprio povo como reles camundongos de laboratório, como se pudessem experimentar indefinidamente novas formas de dispor das relações sociais para, assim, obter a pretendida síntese de uma política pura. Para Burke, os revolucionários ignorariam que a política não se submete completamente à razão matemática, e quem pagaria por esse erro de cálculo seria o próprio povo. Da mesma forma, não seria necessário acusar Badiou, que se pretende como uma espécie de defensor máximo da razão matemática, da loucura de querer nos engajar numa hipótese comunista? Mas, em contrapartida, devemos observar que o filósofo nunca sugeriu ser possível demonstrar por mais A + B que o comunismo seria como que um paraíso terreno, assim como nunca antecipou que sua concretização fosse inevitável. De outra maneira, diremos que, para ele, o comunismo não é nunca o resultado de um cálculo solitário. Isso até pode despertar outras tantas desconfianças, porque, afinal, não sendo o resultado de um cálculo, o comunismo realmente não disporia de nenhuma garantia objetiva. Por outro lado, entretanto, tampouco deveria ser entendido como uma ideia que fosse imposta pelos intelectuais à realidade: não se trata de uma ideia vinda de fora, como algo de essencialmente estranho ao povo, tal como se ela fomentasse uma igualdade totalitária que, ignorando as diferenças de cada pessoa, nivelaria todas elas numa mesma massa homogênea. Isso ocorre porque o proletariado, por exemplo, não é uma cobaia. Ele não é o objeto da experimentação induzida pela hipótese comunista. Muito pelo contrário, o proletariado, por sua prática real de revolta contra a opressão e a exploração capitalistas, vem a ser o sujeito que coloca em cena a relevância política de uma hipótese comunista.

Quando falamos em invariante, ideia ou hipótese para ler os acontecimentos históricos desde uma perspectiva comunista, o interesse em fazê-lo reside precisamente na possibilidade de discriminar, de maneira bastante ampla, os episódios em que a realidade se viu dividida porque algo de novo na política se apresentou: esses seriam os episódios em que os homens se revoltaram contra a opressão e a exploração. Para Badiou, a prática da revolta deixaria entrever a justiça por meio do caráter genérico da verdade que seu acontecimento coloca em questão. Por exemplo, uma revolta de escravos, como a de Espártaco ou de Zumbi dos Palmares, pode até levar à criação de um agrupamento de homens que, depois de libertos, organizam-se exatamente de acordo com as regras contra as quais se revoltaram, passando, então, a submeter outros homens à escravidão. Mas, uma vez que tenha sido realizada, a verdade dessa revolta não se restringe aos revoltosos originais: ela inaugura uma contradição irreversível, uma divisão inconciliável entre senhores e escravos, dando, assim, razão a todas as outras revoltas de escravos, sobretudo às revoltas contra aqueles senhores que um dia também foram escravos. Esse acontecimento não depende de uma doutrina antiescravagista ter sido ensinada a Espártaco e a seus companheiros de luta; em vez disso, a ideia a animar um efetivo pensamento político que defenda a liberdade contrapondo-se à escravidão é que pode alimentar-se da revolta deles. Da mesma forma, o proletariado não foi uma criação das mentes delirantes de Marx e Engels. A existência de um movimento operário organizado é que foi decisiva para que os dois pensassem na importância de um partido comunista. Portanto, o acontecimento da revolta é isso que numa dada circunstância social aponta para fora dela, porque não pode ser explicado só pela referência a esta última: se os escravos estivessem perfeitamente integrados à ordem em que estavam inseridos, mesmo se integrados por algum mecanismo inconsciente que os tivesse persuadido enganosamente da necessidade de serem escravos, muito simplesmente não haveria revolta. Com isso, não se está ignorando que a revolta coletiva é comumente um ato irrefletido (no sentido, deixe-se bem claro, de ser, de alguma forma, inconsequente). O que se tenta mostrar é como a ocorrência rara desse acontecimento é também uma fonte especial para a reflexão, porque, sendo revolta contra a injustiça, ela traz à luz uma prática coletiva que coloca em xeque tudo o que se julgava possível até então, incitando o pensamento a mover-se em direções imprevistas (no que, aliás, este só tenta acompanhar um deslocamento que afeta a própria realidade).

Essa perspectiva proporcionada pela hipótese comunista tem, obviamente, uma grande afinidade com o marxismo. Mas isso não quer dizer que ela se confunda com ele. Para Badiou, como acabamos de ver, nenhuma filosofia ou doutrina política detém a prerrogativa de estabelecer de antemão quais são as práticas reais que deveriam funcionar como referências concretas para a universalidade da justiça. Contrariando mais uma vez o que alguns supõem ser o teor de seu pensamento político, Badiou localizava e denunciava, já em 1985, no livro *Peut-on penser la politique?* [Pode-se pensar a política?], aquela que viria a se mostrar como uma devastadora crise do marxismo. Antes mesmo da Queda do Muro de Berlim, o filósofo declarava que "nem os Estados socialistas, nem as lutas de liberação nacional, nem o movimento operário constituem referentes históricos capazes de garantir a universalidade concreta do marxismo".[9] Em sua avaliação, o marxismo chegava ao término de um ciclo depois de percorrer três etapas principais em seu longo percurso histórico: primeira, a de união com o movimento operário real; em sequência, sob a forma do marxismo-leninismo, a de conquista do poder estatal; e, por fim, a de revitalização das lutas de liberação nacional, tendo criado nações sob as quais viveu mais de um terço da população da Terra. A partir do reconhecimento do término desse ciclo, vários dos compromissos que, supõem-se, seriam

---

9   Id., *Peut-on penser la politique?*. Paris: Seuil, 1985, p. 48.

indispensáveis para um maoista também se encerram. Por exemplo, em *O ser e o acontecimento*, de 1988, ao falar dos fracassos de Lênin e de Mao, o filósofo comenta que o caminho da mudança política não pode jamais ser traçado a partir do Estado.[10] E, ainda nessa obra, ele revisita um tópico apreciado positivamente em *Teoria da contradição* (1975) e *Teoria do sujeito* (1982), mas agora em sentido contrário, ao desfazer qualquer vinculação essencial da novidade à destruição: "Devo dizer que, em *Teoria do sujeito*, eu havia me perdido um pouco no tema da destruição. Ainda sustentava um vínculo essencial entre destruição e novidade".[11] O acontecimento político, muito embora possa ser acompanhado de destruição, não pode nunca ser definido por ela: nenhuma vitória deve ser calculada tendo por base o número de inimigos derrotados ou mortos, nem que estes se resumissem a somente um. E, lembrando uma conhecida frase do dramaturgo alemão Bertolt Brecht, "Infeliz a nação que precisa de heróis", a dimensão do acontecimento passa a se ver livre inclusive do heroísmo, sob a tutela do qual ele talvez tenha sido mantido por um tempo excessivo dentro da tradição comunista. Como categoricamente afirma Badiou, ainda em *O ser e o acontecimento*: "Não há herói do acontecimento".[12]

Toda essa revisão dos compromissos pode ser observada com maior detalhe nos trabalhos mais recentes do filósofo, onde ela é explicitada e desenvolvida e onde a caracterização do acontecimento se torna cada vez mais sofisticada, na medida em que há a tentativa de pensar mais detidamente a natureza da ruptura por ele instaurada. Essa revisão dos compromissos quanto às formas

---

10   Id., *O ser e o evento*, trad. Maria Luiza X. de A. Borges. Rio de Janeiro: Zahar / Editora UFRJ, 1996, p. 94.

11   Id., ibid., p. 319.

12   Id., ibid., p. 169. Tradução adaptada.

de ser fiel a um acontecimento não alterará, entretanto, o estatuto de acontecimento das duas revoluções abordadas nos textos a seguir. Isso ocorre porque o encerramento de determinado ciclo do marxismo – que não é necessariamente o encerramento de todo e qualquer marxismo – não afeta a possibilidade de ser fiel a esses acontecimentos. O acontecimento, por ser algo de fundamentalmente excessivo, não se esgota nos fatos relativos às situações que dele se seguem: assim, as catástrofes que foram as ditaduras soviética e chinesa não encerram as revoluções que lhes deram origem. Em primeiro lugar, porque houve de fato um tempo em que as lutas orientadas pela violenta derrubada do poder instituído e pela liberação nacional tinham caráter emancipatório (ainda que as duas guerras mundiais já tivessem lançado uma sombra de suspeição quase que insuperável sobre o militarismo reinante). Em segundo lugar, porque mesmo que tenha havido esse tempo, ele não impõe suas próprias modalidades de fidelidade ao acontecimento como as únicas possíveis: se derrubada violenta do poder estatal e liberação nacional eram ainda meios viáveis e até legítimos de conduzir uma luta revolucionária, a insuficiência daquilo que as duas modalidades foram capazes de produzir, hoje, não poderia senão resultar numa infidelidade ao acontecimento. De sorte que não passaria de tolice acreditar que a Rússia de Vladimir Putin, a Venezuela de Nicolás Maduro ou a Coreia do Norte de Kim Jong-Un, por sua suposta afronta ao imperialismo norte-americano, seriam depositárias de qualquer valor emancipatório: nesse jogo de xadrez em que consiste o tabuleiro geopolítico contemporâneo, realmente, não há nada de novo sob o sol, independentemente do lado em que se joga. Se os nomes de Lênin e de Mao ainda instigam o pensamento político, isso não deve guardar nenhuma relação com os eventuais sucessos militares que esses homens tenham tido em seu próprio tempo: da perspectiva de uma nova política, a capacidade de organizar-se estrategicamente com certeza conserva sua importância; o fato, porém, é que as misérias do socialismo de caserna, com sua rígida disciplina militar, não têm como apontar-nos qualquer coisa nova em termos estritamente políticos. Fidelidade a um acontecimento não tem nada a ver com fanatismo na aceitação irrestrita da suposta necessidade de fazer as coisas exatamente de certa maneira, assim como repetir um acontecimento não é o mesmo que reproduzi-lo tal e qual a sequência de fatos a que ele deu lugar. Muito pelo contrário, ser-lhe fiel e tentar repeti-lo é dar notícia da divisão da realidade por ele causada e, por meio disso, colocar-se à altura dessa divisão, no esforço reiterado de recriar a política, de fazê-la nova, de transformá-la efetivamente.

IVAN DE OLIVEIRA VAZ é doutorando em filosofia pela Universidade de São Paulo

PETROGRADO, XANGAI

ALAIN BADIOU

ADVERTÊNCIA

Eu quis reunir neste pequeno livro a ideia que tenho das duas revoluções mais importantes do século xx: a russa e a chinesa.

E digo exatamente "revolução". Portanto, não tratarei aqui da tomada do poder pelo Partido Comunista Chinês logo após o fim da Segunda Guerra Mundial. Na realidade, essa tomada de poder foi o resultado de um processo político e militar bastante longo – cerca de trinta anos –, com a formação de um exército popular essencialmente camponês e a ocupação de uma zona liberada. Esse processo não é adequadamente designado pela palavra "revolução". É certo que a Rússia também conheceu uma longa (quatro anos ao menos) e violenta guerra civil. Mas essa guerra civil *seguiu*, e não *precedeu*, a tomada do poder central pelos bolcheviques, de modo que essa tomada do poder pode, mesmo que aproximadamente, ser designada como "revolução". Da mesma maneira, os gigantescos movimentos de massa estudantis e operários, os confrontos e as reviravoltas que, entre 1965 e a morte de Mao (1976), marcaram a sequência conhecida como a "Grande Revolução

Cultural Proletária" têm todos os atributos clássicos das revoluções.

Eu quis que uma simetria formal organizasse este livro: para cada episódio, o russo e o chinês, há dois capítulos distintos. Por um lado, uma apreciação sintética dos respectivos acontecimentos, por outro, um comentário de dois textos fundamentais ligados a eles: o primeiro, escrito por Lênin (as "Teses de abril", de 1917), e o segundo, ao menos supervisionado por Mao (a "Decisão em dezesseis pontos", de 1966).

Os quatro capítulos deste livro têm como base intervenções anteriores, escritas ou orais, que foram revistas, modificadas e adequadas para a estrutura e o objetivo deste livro. Os textos "circunstanciais" a respeito das duas revoluções provêm de intervenções feitas no Museu do Quai-Branly, no âmbito dos ciclos de conferências dirigidos por Catherine Clément. Os dois comentários de textos provêm de trabalhos preliminares ligados ao livro de filosofia intitulado *L'Immanence des vérités* [A imanência das verdades].[13] O fato de os primeiros serem ainda marcados aqui ou ali pela oralidade e os segundos pelo estilo escrito da teoria pura só faz, espero, acentuar suas visadas respectivas.

Alain Badiou, Praga, 14 de abril de 2018.

—

13 Alain Badiou, *L'Immanence des vérités*. Paris: Fayard, 2018.

[1] SOBRE A REVOLUÇÃO RUSSA DE OUTUBRO DE 1917

É sempre impressionante ver, no tempo curto de uma vida humana, um acontecimento histórico envelhecer, enrugar-se, definhar e depois morrer. Morrer, para um acontecimento histórico, é quando quase toda a humanidade o esquece. É quando, em vez de elucidar e orientar a vida de uma massa de gente, o acontecimento passa a figurar apenas, e quando muito, nos manuais de história especializados. O acontecimento morto jaz na poeira dos arquivos.

Pois bem, posso dizer que na minha vida pessoal vi, se não morrer, ao menos agonizar a Revolução de Outubro de 1917. Sei que me dirão: bom, mas você não é tão jovem e, além do mais, nasceu vinte anos depois da tal revolução. Portanto, ela teve assim mesmo uma vida e tanto! Aliás, fala-se por todo lado de seu centenário.

Responderei o seguinte: esse centenário, como já ocorreu com o bicentenário da Revolução Francesa, encobrirá e ignorará o que estava em questão nessa revolução, a razão pela qual ela entusiasmou milhões de pessoas durante ao menos sessenta anos, da Europa à América

Latina, da Grécia à China, da África do Sul à Indonésia. E também a razão pela qual, durante esse mesmo tempo, ela aterrorizou e obrigou o pequeno punhado de nossos verdadeiros senhores, a oligarquia dos donos do capital, a recuos importantes pelo mundo todo.

É verdade que, para que um acontecimento revolucionário morra na memória dos homens, é preciso mudar o real, transformá-lo numa fábula sanguinária e sinistra. A morte de uma revolução obtém-se por meio de uma calúnia habilidosa. Falar sobre seu centenário, organizá-lo, sem dúvida! Mas com a condição de criar meios engenhosos para concluir: isso nunca mais!

Esse também foi o caso da Revolução Francesa. Os heróis dessa revolução, Robespierre, Saint-Just e Couthon, foram apresentados durante décadas como tiranos, pessoas agressivas e ambiciosas, assassinos disfarçados. Até mesmo Michelet, um partidário declarado da Revolução Francesa, quis fazer de Robespierre uma figura de ditador.

Notemos, aliás, que essa foi uma invenção que ele deveria ter patenteado, pois ela fez fortuna. Hoje, a mera menção à palavra "ditador" já é um cutelo que substitui qualquer discussão. Depois de Robespierre, o que são Lênin, Mao, Castro e mesmo Chávez, na Venezuela, ou Aristide, no Haiti? Ditadores. E a questão está encerrada.

Na realidade, foi graças a uma geração de historiadores comunistas, à frente dos quais Albert Mathiez, que a Revolução Francesa foi, literalmente, ressuscitada, em sua extensão igualitária e universal, a partir dos anos 1920. Foi, portanto, graças à Revolução Russa de 1917 que se pensou novamente com entusiasmo e militância o momento fundamental da Revolução Francesa, aquele que trazia o futuro, a saber, a Convenção *montagnarde*, entre 1792 e 1794.

De modo que uma verdadeira revolução é sempre, também, a ressurreição daquelas que a precederam: a Revolução Russa ressuscitou a Comuna de Paris, de 1871, e a Convenção robespierrista; e também a revolta dos escravos negros no Haiti com Toussaint Louverture; e também, recuando ao século XVI, a insurreição dos camponeses na Alemanha sob a liderança de Thomas Müntzer; e também, recuando ao Império Romano, a grande sublevação de gladiadores e de escravos sob a liderança de Espártaco.

Espártaco, Thomas Müntzer, Robespierre, Saint-Just, Toussaint Louverture, Varlin, Lissagaray e os operários armados da Comuna: tantos "ditadores" caluniados e esquecidos, restaurados pelos ditadores Lênin, Trótski ou Mao Tse-Tung a heróis da emancipação popular, pontuações da imensa história que orienta a humanidade para o governo coletivo de si mesma.

Há cerca de quarenta anos, desde o fim da Revolução Cultural na China ou ainda desde a morte de Mao, em 1976, organizou-se a morte sistemática de toda essa imensa história. Mesmo o desejo de recuperá-la é taxado como impossível. Dizem-nos todos os dias que derrubar nossos senhores e organizar um futuro igualitário mundial é uma utopia criminosa e um sombrio desejo de ditadura sangrenta. Um exército de intelectuais servis especializou-se, lamentavelmente sobretudo na França, na calúnia contrarrevolucionária e na defesa obstinada da dominação capitalista e imperial. Os cães de guarda da desigualdade e da opressão dos despossuídos, dos pobres e do proletariado nômade estão no comando por toda parte. Inventaram a palavra "totalitário" para caracterizar todos os regimes políticos animados pela ideia igualitária. Quando se ouve "totalitário", a respeito da Revolução Russa, é preciso pensar automaticamente que por trás, mal escondido, há um "igualitário".

A verdade é que a Revolução Russa de 1917 foi tudo o que se quiser, menos totalitária. Ela conheceu numerosas tendências, superou contradições novas, reuniu e uniu pessoas extremamente diferentes, grandes intelectuais, operários das fábricas, camponeses dos confins da tundra. Atravessou, pelo menos durante doze anos, entre 1917 e 1929, guerras civis impiedosas e discussões políticas

35

apaixonadas. Não foi em absoluto uma exposição de uma Totalidade totalitária, mas sim de uma extraordinária desordem ativa, perpassada, porém, pela luz de uma ideia, a ideia igualitária.

Então, evidentemente, a Revolução Russa de 1917, sob as palavras "ditadura" e "totalitária", só podia ser ignorada e tornar-se historicamente morta.

Portanto, para compreender algo dessa revolução, é preciso esquecer absolutamente tudo o que se fala a seu respeito. É preciso repassar a longa história dos homens, é preciso mostrar como e por que a Revolução Russa de 1917 em si mesma, em sua simples existência, é um monumento à glória da humanidade vindoura.

Eu gostaria de começar por uma curta narrativa da imensa história desse animal estranho e perigoso, genial e assustador que se chama homem e que os filósofos gregos chamavam "o bípede sem penas". Por que "bípede sem penas"? Porque todos os grandes animais terrestres são quadrúpedes, mas o homem é bípede. E todos os pássaros são bípedes, mas todos eles têm penas e o homem, não. Logo, só o homem é um bípede sem penas. A revolução russa de Outubro de 1917, em todo caso, foi feita por uma massa importante de bípedes sem penas.

Que dizer dessa espécie animal, à qual pertencemos todos, afora o fato historicamente pouco esclarecedor de que é composta de bípedes sem penas?

Observemos antes de mais nada que, na verdade, essa é uma espécie muito recente, do ponto de vista da história geral da vida em nosso pequeno e insignificante planeta. Não mais, em todo caso, que 200 mil anos, por alto, enquanto o fenômeno da existência de seres vivos tem centenas de milhões de anos.

Quais são as características mais gerais dessa espécie recente?

O critério biológico de uma espécie, e da nossa entre outras, consiste em que o acasalamento de um macho e de uma fêmea pode ser fecundo. Ora, isso se verifica para a espécie humana, sem dúvida frequentemente, quaisquer que sejam a cor, a origem geográfica, o tamanho, os pensamentos e a organização social dos parceiros. Esse é o primeiro ponto.

Além disso – eis o segundo ponto –, a duração da vida humana, outro critério material, não parece por enquanto poder ultrapassar 130 anos, por alto. Mas isso já nos permite duas observações muito simples, mas que, acredito, são fundamentais, inclusive para situar claramente a revolução russa de Outubro de 1917.

A primeira observação é que a aventura cósmica, por assim dizer, da espécie humana, do animal humano, é na verdade muito curta. É algo difícil de imaginar, porque 200 mil anos para nós é um tempo que se perde em vastas brumas, principalmente em relação aos míseros cento e alguns anos que circunscrevem com rigor nossa aventura pessoal. Não obstante, é preciso assim mesmo lembrar este lugar-comum: em relação à história geral da vida, o tempo de existência da espécie *Homo sapiens* – homem que sabe, sábio, como pretensiosamente nos chamamos – é uma aventura específica muito curta. Logo, pode-se afirmar que talvez estejamos apenas iniciando, que estamos talvez só no começo dessa aventura específica. Isso para fixar uma escala quanto às coisas que podem ser narradas e pensadas em relação ao futuro coletivo da humanidade. Os dinossauros, por exemplo, não eram muito simpáticos, pelo menos segundo nossos critérios, mas existiram numa escala propriamente imensa em comparação com nossa espécie. Ela é calculada não em milhares de anos, mas em centenas de milhões. Em relação aos dinossauros, a humanidade, tal como a conhecemos, pode imaginar a si mesma como um tênue começo.

Começo de quê? Sabe-se que os participantes da Revolução Francesa pensaram realmente que eram um começo absoluto. A prova disso é que mudaram o calendário. E no novo calendário o ano I era o ano da criação revolucionária da República francesa. Para eles, a República –

a liberdade, a fraternidade e a igualdade – era um novo começo da espécie humana, após milênios de despotismo e de infortúnio para as vidas populares. E era um começo não só para a França e os franceses, mas efetivamente para toda a humanidade. Aliás, para os revolucionários de 1793, não havia muita diferença entre a humanidade e a França. Na Constituição de 1793, afirma-se, por exemplo, que qualquer pessoa no mundo que se ocupe de um órfão ou se encarregue de um idoso deve ser considerada um cidadão da República. Há essa convicção de que com a Revolução a humanidade muda, de que ela não tem mais a mesma definição.

E a Revolução Russa? Pois bem, ela também pensou que estava iniciando uma nova etapa para a espécie humana, a etapa comunista, a etapa na qual a humanidade total, para além dos países e das nações, se organizaria ela própria para decidir em comum sobre o que tem para ela um valor comum. "Comunismo" é a afirmação de que o que é comum a todos os homens deve ser objeto incessante do pensamento, da ação, da organização.

Esta é então nossa primeira observação: a espécie humana talvez só esteja começando a ser ela mesma. E talvez sob a palavra "revolução", especialmente "revolução de 1917", seja preciso entender: começo, ou recomeço, da história da espécie humana.

A segunda observação é que existe um nível material incontestável, de caráter biológico, o da reprodução da espécie, da sexuação, do nascimento, em que de alguma forma está provado que somos todos da mesma espécie. Todos da mesma espécie, talvez, só nesse nível. Mas nesse nível que existe e é materialmente atribuído. Além disso, há a questão da morte, que sobrevém em parâmetros temporais mais ou menos fixos.

Pode-se então dizer, sem risco de ser desmentido, que existe uma identidade da humanidade como tal. Afinal de contas, não se deve esquecer nunca – insisto: "nunca!" – da existência dessa identidade da humanidade como tal, a despeito naturalmente das diferenças incontáveis entre as nações, os sexos, as culturas, as situações históricas etc. Há, no entanto, uma espécie de base indubitável que constitui a identidade da humanidade como tal. Quando os revolucionários cantavam, inclusive na Rússia, claro, que "a Internacional será o gênero humano", estavam querendo dizer que o gênero humano é de fato fundamentalmente único. Marx já havia dito: os proletários, os operários, os camponeses, que compõem a maioria da humanidade, compartilham uma sorte comum e devem ter, acima de todas as fronteiras, um pensamento e uma ação comuns. Ele dizia brutalmente: "Os proletários não têm pátria". Compreendamos: sua pátria é a humanidade.

Eles devem compreender isso – todos esses jovens que partem do Mali, ou da Somália, ou de Bangladesh, ou de outros lugares; que querem atravessar os mares para viver onde pensam que é possível viver, coisa que não podem mais fazer em seus países; que se arriscam a morrer centenas de vezes; que têm de pagar atravessadores bandidos; que cruzam três ou dez países diferentes, a Líbia, a Itália, a Suíça ou a Eslovênia, a Alemanha ou a Hungria; que aprendem três ou quatro idiomas, que trabalham em três, quatro ou dez atividades diferentes. Sim, são eles o proletariado nômade, e qualquer país é sua pátria. São o coração do mundo humano de hoje, eles sabem existir em qualquer lugar onde o ser humano existe. São a prova de que a humanidade é una, é comum. E é por isso que devemos não só acolhê-los como irmãos, mas como uma sorte. E nos organizar com eles para que a humanidade, por fim, comece sua verdadeira vida planetária.

Eu acrescentaria outro argumento comunista. Existem provas de que também a capacidade intelectual da humanidade é invariável como capacidade.

Houve na história da humanidade, algo entre 15 mil e 5 mil anos atrás, *uma* revolução fundamental, de longe a mais importante em toda a história do animal humano até agora, a chamada revolução neolítica. Em um período de alguns milênios, a humanidade – que, tal como a conhecemos, existia havia bem mais de 100 mil anos – inventou a agricultura sedentária, o armazenamento de cereais em cerâmicas, portanto a possibilidade de dispor de um excedente de alimento; portanto a existência de uma classe de pessoas alimentadas por esse excedente e dispensadas de participar diretamente nas tarefas produtivas; portanto a existência do Estado, reforçada pela das armas metálicas; portanto também a escrita destinada primitivamente a enumerar os produtores de gado e a arrecadar os impostos. E, nesse contexto, a conservação, a transmissão e o progresso das técnicas de toda natureza encontraram-se fortemente estimulados. Apareceram grandes cidades e também um poderoso comércio internacional, por terra e por mar.

Diante dessa mudança, que ocorreu há alguns milênios apenas, qualquer outra seria secundária, porque, de certa maneira, ainda estamos nos parâmetros que foram instituídos nessa época. Em particular, a existência de classes dominantes e ociosas, a existência de um Estado autoritário, a existência de exércitos profissionais, a existência de guerras entre nações, tudo isso nos situando muito além dos pequenos grupos de caçadores-coletores que representavam a humanidade anteriormente. Ainda estamos no interior desses parâmetros. A verdade é que somos neolíticos.

No entanto, essa revolução não significa que, do ponto de vista da capacidade intelectual, somos superiores aos seres humanos de antes da revolução neolítica. Devemos nos lembrar da existência das pinturas parietais como as da gruta Chauvet, que datam de 35 mil anos, época em que muito provavelmente ainda só existiam pequenos grupos de caçadores-coletores, muito anteriores à revolução neolítica. A existência dessas pinturas por si só atesta que a capacidade reflexiva, contemplativa e idealizadora do animal humano, bem como seu virtuosismo técnico, já era exatamente o que é hoje.

Portanto, não é só no nível biológico e material que a identidade humana, em sua aventura, deve ser afirmada, mas sem dúvida também no nível daquilo de que ela é intelectualmente capaz. Essa unicidade fundamental, esse "Mesmo" biológico e mental, sempre foi o obstáculo fundamental das teorias segundo as quais a humanidade não é a mesma, teorias segundo as quais existem subespécies fundamentalmente diferentes, de modo geral nomeadas raças. Os racistas sempre temeram e proscreveram as relações sexuais, para não falar do casamento, entre os membros das raças que eles chamavam superiores e os das raças que declaravam inferiores. Fizeram leis terríveis para que os negros nunca tivessem acesso às mulheres brancas ou os judeus, às mulheres supostamente arianas. Assim, essa obsessão identificável na história das correntes racistas tentava negar a evidência, ou seja, a unidade primordial da humanidade, e aliás se estendeu a outras diferenças, como as sociais. Sabe-se muito bem que *in fine* uma mulher da classe dominante não devia se casar, nem mesmo ter uma ligação sexual, e ainda menos filhos, com um homem das classes trabalhadoras. Os senhores não deviam reproduzir a espécie com os escravos etc. Em outras palavras, houve ainda assim longos períodos em que a afirmação da unidade da espécie constituía um escândalo social.

A Revolução Russa de 1917, na esteira da Revolução Francesa, quis estabelecer para sempre o reino igualitário da espécie humana. Quis sair do neolítico.

Mas o ponto sem dúvida mais essencial hoje diz respeito à organização social dominante. Organização social ainda mais dominante por ter se apropriado hoje da aventura humana como um todo, do espaço mundial como um todo. Chama-se capitalismo, esse é seu nome próprio, e ela organiza formas monstruosas de desigualdade, e, portanto, de alteridade, no interior da unidade de princípio da espécie humana, que aliás ela pode reivindicar.

Sobre esse ponto, há estatísticas bem divulgadas, mas que frequentemente repito porque é preciso conhecê--las. Isso pode ser resumido numa frase: uma oligarquia mundial bastante restrita deixa hoje praticamente fora da mera possibilidade de sobrevivência bilhões de seres humanos, que vagam pelo mundo em busca de um lugar onde trabalhar, alimentar uma família etc.

Então, talvez daí o fato de a humanidade estar apenas começando sua existência histórica. Isso quer dizer que sua organização dominante, no nível da sociedade, no nível do que é a humanidade prática, a humanidade real, ainda é extremamente fraca. Dizer que a humanidade é ainda neolítica significa o seguinte: ainda não é certo que a humanidade, no que ela produz, faz e organiza, esteja de alguma maneira à altura de sua unidade principal. Devemos pensar e afirmar que o destino real da humanidade consiste em experimentar e realizar figuras de existência coletiva que estejam à altura do princípio de sua unidade fundamental. Talvez estejamos simplesmente em etapas tateantes e ainda aproximativas desse projeto.

Sartre disse certa vez que, se a humanidade se mostrasse incapaz de realizar o comunismo – era a época em que se usava essa palavra inocentemente, por assim dizer –, seria possível afirmar, depois de seu desaparecimento, que ela não teve muito mais interesse ou importância do que as formigas. Vê-se perfeitamente o que ele queria dizer – a economia hierárquica coletiva das formigas é conhecida como um modelo de organização despótica –; ou seja, se nos debruçássemos sobre a história da humanidade com a ideia de que esta deveria e poderia produzir uma organização social à altura de sua unidade fundamental, isto é, produzir uma afirmação consciente de si mesma como espécie unificada, então o fracasso total dessa empresa remeteria a humanidade a uma figura animal entre as outras, a uma figura animal que continua a estar sob a lei da luta pela sobrevivência, da concorrência dos indivíduos e da vitória dos mais fortes.

Digamos de outra forma. Pode-se pensar que é certo que deve haver, que *é necessário que haja, nos séculos em curso, ou se preciso nos milênios em curso, e numa escala que não podemos determinar, uma segunda revolução depois da revolução neolítica.* Uma revolução que, por sua importância, estaria à altura da revolução neolítica, mas que, na ordem própria da organização imanente da sociedade, restituiria a unidade primordial da humanidade.

A revolução neolítica dotou a humanidade de meios de transmissão, de vida, de conflitos e de conhecimentos sem precedentes, mas não suprimiu – muito pelo contrário, em certos aspectos agravou – a existência das desigualdades, das hierarquias e das figuras de violência e de poder que ela levou, também, a uma escala inédita. Essa segunda revolução – nós a definimos aqui de maneira muito geral, estamos num nível pré-político, por assim dizer – restituiria à unidade da humanidade, a essa unidade indubitável, o poder sobre seu próprio destino. A unidade da humanidade deixaria de ser somente um fato para se tornar de alguma maneira uma norma, a humanidade tendo de afirmar e realizar sua própria humanidade, em vez de, ao contrário, fazê-la existir na base das diferenças, das desigualdades e das fragmentações de todas as ordens, nacionais, religiosas, linguísticas etc. A segunda revolução liquidaria o motivo – na verdade, criminoso em face da unidade da humanidade – da desigualdade das riquezas e dos modos de vida.

Podemos dizer que depois da Revolução Francesa de 1792–94 não faltaram tentativas na direção de uma igualdade real, sob diversos nomes: democracia, socialismo, comunismo. Podemos também considerar que a vitória temporária atual de uma oligarquia capitalista mundial é um fracasso dessas tentativas, mas podemos pensar que esse fracasso é provisório e não prova nada, se nos situarmos naturalmente na escala da existência da unidade da humanidade como tal. Esse problema não está subordinado à próxima eleição – nada, aliás, está subordinado a ela –, ele está na escala dos séculos. E, no fundo, nesse ponto não haveria mais nada a dizer senão que "fracassamos, então continuemos o combate".

Entretanto, e isso nos leva a considerar de perto a revolução russa de Outubro de 17, há fracassos e fracassos. Minha tese é então a seguinte: *a Revolução Russa mostrou, pela primeira vez na história, que era possível dar certo*. Pode-se sempre dizer que no longo prazo, após algumas dezenas de anos, ela fracassou. Mas ela encarnou, e deve encarnar em nossa memória, se não a vitória, ao menos a possibilidade da vitória. Digamos que a Revolução Russa mostrou a possibilidade da possibilidade de uma humanidade reconciliada consigo mesma.

Mas de qual vitória se trata ao certo?

Só muito tardiamente, há no máximo alguns séculos, é que surgiu, no cerne da discussão política, a questão do fundamento econômico dos Estados, de sua natureza de classes. Pôde-se então sustentar, e até demonstrar, que, por trás da forma do Estado (poder pessoal ou democracia), podia perfeitamente alojar-se a mesma organização social opressiva e discriminatória, na qual as decisões estatais mais importantes dizem respeito invariavelmente à proteção da propriedade privada sem limite atribuível, sua transmissão familiar e, por fim, a manutenção, considerada natural e inevitável, de desigualdades propriamente monstruosas.

Na França, que é um país privilegiado e se orgulha de sua democracia, sabemos de fonte oficial que menos de 10% da população possui um patrimônio superior a 50% do patrimônio total! Sabemos também que mais da metade da população não possui, na realidade, absolutamente nada. Se passarmos à escala do mundo inteiro, a coisa fica pior: algumas centenas de pessoas possuem um patrimônio igual ao de 3 bilhões de outras. E mais de 2 bilhões de seres humanos não possuem nada.

Quando essa questão da propriedade privada e das desigualdades monstruosas que ela engendra ficou mais clara, houve tentativas revolucionárias totalmente diferentes daquelas que só envolviam a forma do poder político. Essas tentativas visavam mudar o mundo social como um todo. Visavam instaurar uma igualdade real. Queriam ver os operários e os camponeses, os pobres, os despossuídos e os desprezados chegarem à direção da sociedade. O canto dessas insurreições chamava-se *A Internacional*. Dizia: "O mundo vai mudar de base". Dizia: "Se nada somos, sejamos tudo".[14] Todo o século XIX foi marcado pelos fracassos, não raro sangrentos, das tentativas assim orientadas. A Comuna de Paris, com seus 30 mil mortos nas ruas da cidade, permanece o mais glorioso desses desastres. Ela havia inventado, sob o nome de "Comuna", um poder igualitário. Mas, depois de três semanas, o exército do poder central reacionário entrou em Paris e, apesar de uma resistência tenaz nos bairros populares da cidade, massacrou impiedosamente os operários revoltados e prendeu e deportou milhares de insurretos. O fracasso continuava sua ronda fúnebre.

É hora de lembrar o seguinte: quando a Revolução Russa já durava um dia a mais que a Comuna de Paris, o principal dirigente dessa revolução, Vladimir Uliánov, dito Lênin, dançou na neve. Ele tinha consciência de que, quaisquer que fossem as terríveis dificuldades por vir, a maldição dos fracassos estava suspensa!

O que aconteceu?

Primeiro, tínhamos, desde os anos 1914–15, um importante enfraquecimento do Estado central despótico russo, engajado imprudentemente na Grande Guerra de 1914–18. A guerra mundial abriu na Rússia uma grave crise do poder monárquico. Em fevereiro de 1917, uma

---

14 Tradução literal da versão francesa final do hino: "*Le monde va changer de base:/Nous ne sommes rien, soyons tout!*". Na versão oficial em português, os versos são "Se nada somos em tal mundo/Sejamos todos produtores". [N.E.]

revolução, classicamente democrática, derruba esse Estado. Não há nada de novo aí: grandes países como a França, a Inglaterra e a Alemanha já tinham implantado, alguns já havia algum tempo, regimes parlamentares, com eleição dos governantes. Em certo sentido, a situação russa, com o despotismo do tzar e o poder aristocrático dos proprietários de terras, era retardatária. Mas essa revolução democrática não detém o movimento. Existem na Rússia, há anos, grupos intelectuais revolucionários bastante ativos, que enxergam mais longe do que a simples imitação das democracias do Ocidente. Há uma jovem classe operária em formação, propensa à revolta e sem estrutura sindical conservadora. Há uma enorme massa de camponeses extremamente pobres e oprimidos. Há, em virtude da guerra, centenas de milhares de soldados e marinheiros armados, que detestam essa guerra e pensam, com razão, que ela serve, sobretudo, aos interesses imperialistas da França e da Inglaterra contra as ambições não menos imperialistas da Alemanha. Há, enfim, um partido revolucionário sólido, entusiasmado e ligado aos operários. Esse partido se chama Partido Bolchevique. É bastante vivo nas discussões, porém ao mesmo tempo mais disciplinado e ativo do que todos os outros. É extremamente minoritário no começo da guerra, mas desenvolve-se muito rápido com a crise política. Tem uma presença considerável na jovem classe operária russa. Em sua liderança, encontramos pessoas como Lênin e Trótski combinando uma forte cultura marxista e uma longa experiência militante imbuída das lições da Comuna de Paris. Há, enfim, e sobretudo, criadas no movimento da revolução democrática de fevereiro, organizações populares locais que surgiram por toda parte, nas grandes cidades, nas fábricas, em certas povoações rurais. Essas organizações funcionam no modo do comício, da grande reunião maciça, em que se escutam oradores que apresentam a situação e as diversas orientações possíveis. Essas assembleias populares, muito diferentes umas das outras, muito entusiasmadas, têm seus próprios objetivos. Mas todas pensam que as decisões políticas e sociais devem ser debatidas e validadas nelas, e não unicamente em um governo distante e cauteloso, que se pretende democrático, mas que continua a proteger o velho mundo russo. Essas organizações se chamam sovietes. A combinação da força inventiva e disciplinada do Partido Bolchevique com as assembleias de democracia de massa que são os sovietes constitui a chave, depois da Revolução de Fevereiro de 1917, da segunda revolução, no outono de 1917.

O que está contido nessa data única na história da humanidade é a transformação de uma revolução que visava apenas mudar o regime político, mudar a forma do Estado, em uma revolução completamente diferente, que visa mudar a organização de toda a sociedade, quebrando a oligarquia econômica e confiando a produção, tanto industrial como agrícola, não mais à propriedade privada de alguns, mas à gestão decidida por todos os que trabalham.

É importante observar que esse projeto, que se tornará real na tempestade terrível da Revolução Russa, a tomada do poder, a guerra civil, o embargo, a intervenção estrangeira, foi deliberado e organizado. A ideia geral de tudo isso pôde vencer porque estava presente, de forma consciente e voluntária, na maioria do Partido Bolchevique, sem dúvida, mas, a partir do fim do verão de 1917, na maioria dos sovietes, e especialmente no mais importante deles, o soviete da capital, Petrogrado.

Um exemplo impressionante encontra-se, desde a primavera de 1917, no programa geral que Lênin faz circular no partido para animar as discussões pelo país inteiro. Todos os componentes desse programa, desse conjunto de decisões possíveis, são orientados para a ideia de uma revolução completa e global de tudo o que existia de fato desde o neolítico. Esse texto é tão notável que o apresento em um comentário detalhado no segundo capítulo deste livro. É um texto em que Lênin expõe o que é preciso fazer na situação da Rússia, tendo em conta a guerra mundial, que continua, e a revolução de fevereiro. Ora, esse "fazer" e o pensamento que o acompanha situam no cerne do processo vindouro os elementos fundamentais de uma saída do neolítico: coletivização das propriedades agrárias, industriais ou bancárias e fim do Estado centralizado. Quanto ao estilo político, ao contrário do "voluntarismo" violento que se atribuiu a Lênin, é feito de paciência, de discussão, de persuasão. É um estilo político fundado na paciência e na duração, no momento em que é necessário fazer a situação se mover de uma sequência de revolução burguesa clássica para uma sequência inteiramente nova de transtorno integral da organização social.

E é justamente pelo fato de essa orientação geral, definida em abril, tornar-se no início de outubro majoritária nos grandes sovietes operários, em especial no soviete de Petrogrado, que a situação poderá se mover na direção de uma insurreição comunista vitoriosa.

Com base no que precede, e por meio de gigantescas adversidades ligadas à situação particular da Rússia, há com efeito, a partir de outubro de 17, *a primeira vitória, em toda a história da humanidade, de uma revolução pós-neolítica.*

No entanto, pode-se observar que a própria insurreição de outubro, a tomada do poder, foi antes uma iniciativa do Partido Comunista do que uma decisão maciça dos sovietes; que a guerra civil forçou o poder revolucionário a uma concentração e a uma disciplina não raro violenta; sabe-se que no início da década de 1920 Lênin, doente, preocupa-se fortemente com esse estado de coisas e gostaria, segundo sua própria expressão, que a burocracia de Estado fosse submetida ao controle do que ele chama de uma "inspeção operária e camponesa". Sabe-se que a partir do início da década de 1930 – mais especificamente em 1929, sob a direção implacável de Stálin, do primeiro plano quinquenal – passa-se, na prática, de "todo o poder aos sovietes" a "todo o poder à fusão completa do Partido Comunista e do Estado", portanto ao desaparecimento do poder dos sovietes. Essa transformação da forma de poder prepara – de longe, mas prepara – uma industrialização por certo muito necessária e muito rápida, mas em última instância ligada ao trabalho forçado, às deportações e ao Terror, que atingirá seu auge em 1937–38. Mas prepara também, depois da morte de Stálin, a estagnação no papel oficial de grande potência mundial e, em seguida, o retorno, em forma de catástrofe, ao seio do capitalismo e do mercado mundial.

Desse momento em diante, tudo isso está exposto à morte histórica, ao esquecimento concertado. Doravante a Revolução Russa é julgada do ponto de vista da volta ao consenso neolítico.

No entanto, quaisquer que tenham sido os avatares dessa aventura prodigiosa e qualquer que seja a situação presente de retomada de controle mundial pelas corjas neolíticas contemporâneas, podemos saber que a vitória de um mundo pós-neolítico é possível. Que tal mundo pode existir e, portanto, deve existir. E que, em consequência, a dominação atual do capitalismo global é meramente um retrocesso sem interesse nem futuro. Essa dominação da forma moderna da propriedade privada que é o capitalismo levou no século XX e levará no século XXI apenas a guerras cruéis, fazendo dezenas de milhões de mortos. O capitalismo é a morte. Na escala do devir da humanidade, a revolução comunista de Outubro de 1917 é o começo da vida. A partir dessa revolução temos a possibilidade de saber que, apesar das aparências passageiras, o capitalismo dominador já é, e para sempre, uma coisa do passado. Nosso dever é habitar esse passado, que nos é imposto, para nele construir a morada política de um verdadeiro presente, de uma verdadeira vida, a que está voltada para a segunda mutação, a mutação pós-neolítica. A Revolução Russa permanece um emblema desse presente vivo que luta contra a morte e que, por mais passado que possa parecer, não deixa de ser contra a morte, voltado para o futuro.

[2]
AS "TESES DE ABRIL" DE LÊNIN: UMA OBRA POLÍTICA

1. INTRODUÇÃO

A ambiguidade da palavra "política" deve-se ao fato de ela abranger sentidos muito diferentes, mas que podemos reunir, por alto, sob duas determinações em última instância opostas.

O sentido ainda hoje dominante de "política" designa tudo o que se refere ao exercício da autoridade, sejam as modalidades da conquista do poder, da gestão dos negócios públicos, dos diferentes níveis dessa gestão (nacional, provincial, municipal...), seja ainda a existência de partidos políticos e o exercício regulado de uma oposição que também visa o poder. Tudo isso pode ser sintetizado num dispositivo constitucional, como é o caso em todas as potências imperiais "ocidentais". Naturalmente, fazem parte desse domínio as questões decisivas do exército, da polícia e do aparelho judiciário. Até mesmo uma forma institucional de sindicalismo pode participar dessa definição. O resultado mais frequente dessa orientação quanto à palavra "política" é a existência, sob diversas formas, de um conjunto de políticos profissionais e de administrações especializadas, que constitui a armadura do aparelho de Estado. Em resumo, a definição seria a seguinte: a política é o conjunto dos processos que dizem respeito ao controle e à gestão do aparelho de Estado. Essa definição parece convir para todas as formas adotadas pelos Estados desde o aparecimento, há 3 mil ou 4 mil anos, das monarquias imperiais chinesa e egípcia até os Estados "democráticos" modernos. Se nos ativermos a essa definição, será preciso concluir que a política é mais limitada na medida em que, desde Marx, sabemos que seu motivo central, o próprio Estado, aparelho cujo fechamento construtivo puramente finito é evidente, não passa de representante, no campo político, de potências privadas designadas não por um sufrágio qualquer, nem mesmo por algum feito militar, mas unicamente pela extensão de seus bens.

Foi só recentemente, com a Revolução Francesa e depois com as diferentes orientações críticas constituídas pelas correntes comunistas, socialistas e anarquistas, surgidas a partir da primeira metade do século XIX, que a palavra "política" adquiriu, de modo ainda hoje sequencial e não estabilizado, outro sentido: a política é definida pela divisão das populações em torno do que constitui seu objetivo. Trata-se da gestão menos pior possível da ordem existente? Ou da transformação dessa ordem em vista de uma justiça superior? De certa forma, nessa definição, *a política se apresenta na realidade como uma discussão não consensual sobre a própria política*. Não se trata da diferença entre uma maioria e uma oposição nos arcanos do Estado, diferença pacífica, fundada num acordo latente relativo à sociedade e suas instituições. Trata-se de um desacordo intrapopular fundamental, irreconciliável, quanto aos objetivos e aos meios empregados. Portanto, o espaço da política é o da existência efetiva de duas vias opostas.

Minha tese será que *só a segunda definição autoriza que se fale de obras políticas, no sentido de uma criação intelectual e prática, e que em consequência se torne legítimo identificar momentos "produzidos", em que uma política, ainda que puramente local, adquira valor universal.*

2. UM EXEMPLO: LÊNIN EM ABRIL DE 1917

Para compreender do que se trata, tomemos o exemplo de uma circunstância precisa: a primavera de 1917, quando em fevereiro um movimento de massa derrubou o regime tzarista na Rússia. Lênin escreve o que pensa da situação e sobre o que convém fazer para que a política, da qual ele é um dos organizadores, se torne uma realidade histórica e comece a existir como tal numa escala mais ampla em todo o país – e talvez até, pensa ele, em toda a Europa.

O conteúdo do pensamento de Lênin, o que ele prescreve, é a transformação de uma revolução em outra revolução, por meio do confronto – imposto a todos os atores da situação – dos dois sentidos da palavra "política". A Revolução de Fevereiro, que progride, visa apenas mudar a forma do Estado, e "política" toma aqui o primeiro de seus dois sentidos possíveis: trata-se de substituir o modo de dominação monarquista, doravante obsoleto, pelo modelo parlamentar "democrático" moderno, o das grandes potências imperiais, especialmente a Inglaterra, a Alemanha e a França. A posição de Lênin consiste então em dividir o processo revolucionário, propondo continuá-lo por toda parte, mas segundo uma visão totalmente diferente, inspirada no segundo sentido da palavra política: mudar a organização da sociedade como um todo, quebrando a oligarquia econômica e confiando a produção, tanto industrial como agrícola, não mais à propriedade privada de alguns, mas à gestão decidida por todos aqueles que trabalham.

Essa revolução na revolução, essa divisão da política em duas políticas antagônicas, inclusive quanto ao sen-

53

tido da palavra, se tornará real no terrível processo tempestuoso na Rússia, envolvendo tomada do poder, guerra civil, embargo e intervenção estrangeira. E é esse processo que constrói uma obra política, chamada comumente de "Revolução de 1917", obra que podemos considerar terminada em todo caso em 1929, quando Stálin lança o primeiro plano quinquenal.

A ideia geral da segunda política pôde vencer porque estava presente, de forma consciente e voluntária, de acordo com o que é importante chamar de *consciência política*, em Lênin, obviamente, e na maioria do Partido Bolchevique, mas também porque se tornaram presentes, no fim do verão de 1917, na maioria dos órgãos de massa, os órgãos populares oriundos da Revolução de Fevereiro, os conselhos operários e sobretudo o mais importante deles, o soviete da capital, Petrogrado.

O significado dessa consciência política pode ser depreendido do programa geral que, desde abril de 1917, Lênin faz circular no partido, para animar as discussões por todo o país, em especial nos sovietes. Vê-se imediatamente que no entendimento dele o soviete é o lugar privilegiado para que a luta se constitua, não entre duas variantes da mesma concepção da política, mas entre duas concepções opostas da própria política.

Lênin apresenta o que é preciso fazer na situação da Rússia, tendo em conta a guerra mundial, que prossegue, e a Revolução de Fevereiro, cujos princípios burgueses, democráticos e parlamentares – portanto, repondo a política no primeiro sentido da palavra – continuam a dominar a opinião. Daí saem "teses", dez "teses" que, em seguida, ficaram conhecidas e foram explicadas e comentadas no mundo todo sob o nome de "Teses de abril". O conteúdo dessas teses é, na situação russa, como que o breviário da possibilidade política, no segundo sentido.

TESE 1 – É preciso encontrar um meio de se retirar da guerra. O povo não tem nada a fazer nela senão morrer, porque, diz Lênin, a guerra é "uma guerra imperialista de pilhagem, em virtude do caráter capitalista deste governo", no caso, o governo pretensamente democrático oriundo da Revolução de Fevereiro. Em 1917, essa é uma tese de alcance mundial: o importante é organizar a recusa à participação nas guerras de conquista, nas guerras coloniais, nas guerras de salteadores entre potências imperialistas e proclamar a recusa categórica ao chauvinismo e ao nacionalismo bélico.

TESE 2 – Caracteriza a situação geral na Rússia: *A peculiaridade da situação atual na Rússia consiste na transição da primeira etapa da revolução, que deu o poder à burguesia [...], à segunda etapa, que deve dar o poder ao proletariado e às camadas pobres do campesinato*. A política no segundo sentido deve, portanto, ter precedência, no seio do povo, sobre a política no primeiro sentido. Essa tese é, ainda hoje, uma espécie de comando geral relativo à saída da política em seu primeiro sentido, fechada numa finitude, cujo centro é o Estado, para a política no segundo sentido, em que a palavra "poder" designa a ação igualitária das massas populares e de suas organizações.

TESE 3 – Nenhum apoio ao governo provisório. Essa tese também tem um alcance geral: não se deve, por razões de conjuntura (por exemplo, a guerra), aceitar apoiar o velho regime político, qualquer que seja a forma. A política revolucionária deve criar sua própria independência, mental e prática, em relação ao Estado dominante. Ou ainda: lembrar-se sempre de que os dois sentidos da palavra "política" criam na opinião uma contradição de natureza antagônica.

TESE 4 – Essa é uma tese que recomenda lucidez. É preciso reconhecer, insiste Lênin, que nossa orientação é minoritária, especialmente nas assembleias populares, nos sovietes. O trabalho político é, portanto, um trabalho permanente de discussão, de explicação, que consiste em expor às massas, aos sovietes, o que Mao chamará de "contradições no seio do povo", de maneira a criar pacificamente, do interior do movimento, uma orientação nova, uma adesão ao segundo sentido da palavra. Cito Lênin: *Nossa tarefa só pode consistir em explicar às massas de forma paciente, sistemática e tenaz os erros de sua tática, partindo essencialmente de suas necessidades práticas. Enquanto estivermos em minoria, desenvolveremos um trabalho de crítica e de esclarecimento dos erros, afirmando ao mesmo tempo a necessidade de passar todo o poder aos sovietes dos deputados operários, a fim de que as massas se libertem de seus erros pela experiência.*

Temos aí uma espécie de descrição do trabalho político em vista de uma saída do que se repete sem interrupção desde a revolução neolítica, desde o triunfo da trilogia "família, propriedade privada, Estado". Essa saída se orienta na direção de um poder sem precedentes, um poder que não seja mais o de um Estado separado, mas o das assembleias operárias e camponesas. Trata-se, portanto, de criar, escreve Lênin, *não uma república parlamentar, mas uma república dos sovietes de deputados operários, assalariados agrícolas e camponeses em todo o país, da base ao topo.* Essa república inteiramente nova exige, diz a TESE 5, a supressão da polícia, do exército e do funcionalismo. Esses últimos serão eleitos e exoneráveis, e seu salário não deve exceder o salário médio de um bom operário.

TESES 6 A 8 – Constituem o programa geral de uma revolução sem precedentes desde que existem os Estados, que sempre estiveram a serviço de uma oligarquia dominante. Trata-se da superação do capitalismo, forma moderna – e sem dúvida derradeira – dessa figura que durou vários milênios.

Primeiro, ataca-se o que subsiste da ordem feudal, ou seja, a grande propriedade fundiária: *Nacionalização de todas as terras do país, que ficarão à disposição dos sovietes locais de deputados assalariados agrícolas e camponeses.*

Em seguida, quebra-se o poder financeiro do capital: *Fusão imediata de todos os bancos em um banco nacional único, submetido ao controle dos sovietes dos deputados operários.* De modo mais geral: *Nossa tarefa imediata é passar desde já ao controle da produção social e da distribuição dos produtos pelos sovietes de deputados operários.* Trata-se de dar sentido definitivo à fórmula de Marx no *Manifesto do Partido Comunista*: "Tudo o que dizemos neste livro pode se resumir a uma única frase: abolição da propriedade privada". E o que, para Marx, é um programa histórico de longo prazo torna-se, no movimento da Revolução Russa, "nossa tarefa imediata".

TESES 9 E 10 – Tratam da organização política, da necessidade de renovar imediatamente o programa do partido. É muito significativa a proposta de mudar seu nome. O nome oficial era "Partido Social-Democrata". É preciso agora chamá-lo de "Partido Comunista". Pois o comunismo, a colocação em comum, o poder comum, portanto o fim do reino multimilenar da propriedade privada dos meios de produção, é que é, a partir da Revolução Russa, a tarefa "imediata". Em consequência, é preciso criar uma Internacional realmente comunista, realmente da época das revoluções vitoriosas, da época do comunismo, e trata-se de uma tarefa imediata.

O devir majoritário desse programa significou, apesar de tudo, um fato histórico fundamental: a primeira vitória duradoura de uma política no segundo sentido da palavra. De fato, temos aí uma revolução que funda um poder cuja meta declarada é a destruição da velha e ultrapassada base da sociedade que se pretende "moderna", a sociedade capitalista e burguesa, a saber, a ditadura oculta daqueles que possuem os agenciamentos financeiros da produção, das trocas, de suas famílias herdeiras e de seus cúmplices de Estado. Uma revolução que abre à *fundação de uma nova modernidade*. E o nome comum dessa novidade política absoluta, dessa existência real de uma política no segundo sentido da palavra, foi – e na minha opinião ainda é – "comunismo".

É sob esse nome que milhões de pessoas no mundo, pessoas de todos os tipos, desde as massas populares operárias e camponesas até os intelectuais e artistas, a reconheceram e saudaram com um entusiasmo proporcional à revanche que ela constituía depois dos penosos fracassos do século anterior. Agora, pôde declarar Lênin, é chegada – pela primeira vez na história da humanidade – a época das revoluções vitoriosas. Ele pôde dizê-lo em nome da obra política "Revolução de Outubro de 17", nome que convém não só às peripécias do ano de 1917, como também a uma robusta dezena de anos, entre 1917 e 1929.

[3]
A REVOLUÇÃO CULTURAL

1. POR QUÊ?

Por que falar da "Revolução Cultural" – nome oficial de um longo período de graves tumultos na China comunista, entre 1965 e 1976? Por três razões pelo menos.

Primeira razão. A Revolução Cultural foi uma referência constante e viva da ação militante no mundo inteiro e especialmente na França, ao menos entre 1967 e 1976. Ela faz parte da história política francesa e fundou a corrente maoista, a única verdadeira criação dos anos 1960 e 1970. Posso dizer "nós", eu era um deles, e em certo sentido, para citar Rimbaud, "aqui estou, aqui estou sempre" [*j'y suis, j'y suis toujours*]. Todos os tipos de trajetórias subjetivas e práticas encontraram, na incansável inventividade dos revolucionários chineses, sua *nomeação*. Mudar de subjetividade, viver de outra maneira, pensar de outra maneira foi o que os chineses – e depois nós – chamaram de "revolucionarização". Eles diziam: "Mudar o homem no que ele tem de mais profundo". Ensinavam que, na prática política, deve-se ser a um só tempo "o arqueiro e

59

o alvo", pois a antiga visão de mundo continua presente em nós. No final dos anos 1960, íamos a todos os lugares, às fábricas, às cidades, ao campo. Dezenas de milhares de estudantes tornavam-se proletários ou iam morar nos alojamentos dos operários. Havia, para isso, também as palavras da Revolução Cultural: as "grandes trocas de experiência", "servir ao povo" e, sempre essencial: a "ligação de massa". Lutávamos contra a inércia brutal do PCF [Partido Comunista Francês], seu conservadorismo violento. Na China também se atacava o burocratismo do partido, o que se chamava "lutar contra o revisionismo". Até as cisões, os confrontos entre revolucionários de orientações diferentes eram designados, à maneira chinesa, "desentocar a banda negra", acabar com aqueles que são "de esquerda na aparência e de direita na realidade". Quando deparávamos com uma situação política popular, greve de fábrica ou confronto com os administradores fascistizantes dos alojamentos, sabíamos que tínhamos de "nos distinguir na descoberta da esquerda proletária, reorganizar o centro e isolar e esmagar a direita". *O pequeno livro vermelho*, de Mao, foi nosso guia – não, como dizem os idiotas, para fins de catequização dogmática, mas, ao contrário, para nos esclarecer e inventar novos caminhos em todos os tipos de situação que antes desconhecíamos. Sobre tudo isso, não estando entre aqueles que, com referências à psicologia das ilusões ou à moral dos equívocos, encobrem seu abandono e sua adesão à reação estabelecida, só podemos citar nossas fontes e prestar homenagem aos revolucionários chineses.

Segunda razão. A Revolução Cultural é o exemplo tipo (mais uma noção do maoismo, o exemplo tipo: um achado revolucionário que deve ser generalizado) de uma experiência política que satura a forma do partido-Estado. Emprego aqui a categoria de "saturação" no sentido dado na época por Sylvain Lazarus: tentarei demonstrar que a Revolução Cultural é a última sequência política significativa ainda interna ao partido-Estado (no caso, o Partido

Comunista Chinês) e que nele fracassa. Já o Maio de 1968 e suas consequências são um pouco diferentes. O movimento polonês ou Chiapas são outra coisa. Mas sem a saturação dos anos 1960 e 1970 não haveria nada imaginável fora do espectro do ou dos partidos-Estados.

Terceira razão. A Revolução Cultural é uma grande lição sobre o eterno tema história e política; sobre a história pensada a partir da política (e não o inverso). De fato, se examinarmos essa "revolução" (a própria palavra está no cerne da saturação) de acordo com a historiografia dominante ou segundo uma questão política real, chegaremos a discordâncias impressionantes. O que importa é ver que a natureza dessa discordância não está no registro empírico ou positivista da exatidão ou da inexatidão. Podemos estar de acordo sobre os fatos e chegar a juízos perfeitamente contrários. É precisamente esse paradoxo que vai nos servir de entrada na matéria.

2. NARRATIVAS

A versão historiográfica dominante foi estabelecida por diversos especialistas, sobretudo sinólogos, desde os anos 1960, e não variou desde então. Viu-se consolidada a partir do que se tornou, de forma velada, a versão oficial de um Estado chinês dominado desde 1976 por sobreviventes e revanchistas da Revolução Cultural, com Deng Xiao Ping à frente e evidentemente seus sucessores, todos partidários da restauração do capitalismo.

O que diz essa versão? Que, em matéria de revolução, tratava-se de uma luta pelo poder nas cúpulas da burocracia do partido-Estado. Que o voluntarismo econômico de Mao, encarnado pela palavra de ordem do "Grande Salto Adiante", foi um fracasso completo, a ponto de acarretar a volta da fome no campo. Que, em consequência desse fracasso, Mao é minoritário nas instâncias dirigentes do partido e que um grupo "pragmático", cujas personalidades dominantes são Liu Shao-chi (nomeado então presidente da República), Deng Xiao Ping (secretário-geral do partido) e Peng Chen (prefeito de Pequim), impõe sua lei. Diz que, desde 1963, Mao tentou conduzir contraofensivas, mas fracassou nas instâncias regulares do partido. Que então recorreu a forças estranhas ao partido, ou externas (as Guardas Vermelhas estudantis) ou externas/internas, especialmente o exército, cujo controle ele recuperou depois da eliminação de Peng Teh-huai e sua substituição por Lin Piao. Que se deflagrou então, e isso unicamente em virtude da vontade de Mao de retomar o poder, uma situação caótica e sangrenta, sem ter jamais, até a morte do culpado (em 1976), chegado a uma estabilização.

Temos de concordar que nada, nessa versão, é propriamente inexato. Mas nada tampouco adquire o sentido verdadeiro que só a compreensão política dos episódios, sua concentração num pensamento ainda ativo hoje, pode lhe dar.

Primeira observação: nenhuma estabilização? Sem dúvida. Mas porque se verificou ser impossível implantar a novidade política no âmbito do partido-Estado. Nem a mais ampla liberdade criadora das massas estudantis e operárias (entre 1966 e 1968), nem o controle ideológico e estatal do exército (entre 1968 e 1971), nem a resolução caso a caso das questões num gabinete político em que tendências antagônicas se confrontavam (entre 1972 e 1976) permitiram que as ideias revolucionárias se instalassem e que uma situação política absolutamente nova, totalmente distinta do modelo soviético, pudesse, enfim, ver a luz na escala do conjunto.

Segunda observação: recurso a forças exteriores? Sem dúvida. Mas esse recurso tentava obter, e teve como efeito, tanto no curto como no médio prazo, e talvez ainda hoje, uma separação parcial do partido e do Estado. Tratava-se de destruir, pelo menos no período de um movimento gigantesco, o formalismo burocrático. O fato de se ter provocado com isso a anarquia das facções designa uma questão política essencial para os tempos vindouros: o que funda a unidade de uma política, se ela não for diretamente garantida pela unidade formal do Estado?

Terceira observação: uma luta pelo poder? É evidente. É ridículo contrapô-la à "revolução", uma vez que, precisamente, só se pode entender por "revolução" a articulação de forças políticas antagônicas sobre a questão do poder. Além disso, os maoistas sempre citaram Lênin, para quem, explicitamente, a questão da revolução é, em última instância, a do poder. O verdadeiro problema, bastante complexo, seria saber se a Revolução Cultural não põe um fim, precisamente, à concepção revolucionária da articulação entre política e Estado. Essa foi, na verdade, sua grande questão, seu debate central e violento.

Quarta observação: o "Grande Salto Adiante", um fracasso cruel? Sim, em vários aspectos. Mas esse fracasso resulta de um exame crítico da doutrina econômica de Stálin. De maneira nenhuma deve ser atribuído a um tratamento uniforme das questões relativas ao desenvolvimento do campo pelo "totalitarismo". Mao examinou rigorosamente (numerosas anotações o atestam) a concepção stalinista da coletivização e seu desprezo incompreensível pelos camponeses. Sua ideia não era coletivizar de forma violenta e forçada para garantir, a qualquer preço, a acumulação nas cidades. Muito pelo contrário, era industrializar o campo, dotá-lo de uma autonomia econômica relativa, de modo a evitar a proletarização e a urbanização selvagens que na União Soviética adquiriram uma aparência de catástrofe. Na verdade, Mao seguia a ideia comunista de uma resolução efetiva da contradição entre a cidade e o campo, e não uma eliminação violenta do campo em favor da cidade. Se há fracasso, é de natureza política, e é um fracasso completamente diferente do de Stálin.

Por fim, é preciso afirmar que a mesma descrição abstrata das coisas não resultará no mesmo pensamento, se ela operar segundo axiomas políticos diferentes.

3. DATAS

A querela é igualmente evidente sobre as datas. O ponto de vista dominante, que é também o do Estado chinês, é que a Revolução Cultural durou dez anos, de 1966 a 1976, desde as Guardas Vermelhas até a morte de Mao. Dez anos tumultuados, dez anos de desenvolvimento racional perdidos. O Estado chinês que se engajou na restauração do capitalismo a partir do desaparecimento de Mao designa a Revolução Cultural pela expressão "os dez anos perdidos".

Essa datação pode ser defendida, se raciocinarmos do ponto de vista estrito da história do Estado chinês, com os seguintes critérios: a estabilidade civil, a produção, certa unidade no comando das administrações, a coesão do exército etc. Mas esse não é meu axioma e esses não são meus critérios. Se examinarmos a questão das datas do ponto de vista da política, da invenção política, o critério principal passa a ser: quando podemos dizer que surgem criações de pensamento coletivas, de tipo político? Quando a prática e as palavras de ordem se apresentam em excesso verificável na tradição e no funcionamento do partido-Estado chinês? Quando surgem enunciados de valor universal? Nesse caso, estabelecemos de modo totalmente diverso os limites do processo que tem o nome de "Grande Revolução Cultural Proletária", e que chamávamos entre nós de "GRCP".

Quanto a mim, proponho dizer que a Revolução Cultural, assim concebida, forma uma sequência que vai de novembro de 1965 a julho de 1968. Eu poderia até admitir (essa é uma discussão de técnica política) uma restrição drástica, que situaria o momento revolucionário propriamente dito entre maio de 1966 e setembro de 1967. O critério é a existência de uma atividade política de massa, suas palavras de ordem, suas organizações novas, seus lugares próprios. Nesse sentido, há "revolução" porque existem as Guardas Vermelhas, os rebeldes operários revolucionários, incontáveis organizações e "quartéis-generais", situações totalmente novas, textos inéditos etc.

4. HIPÓTESE

Como fazer para que se tome consciência desse gigantesco sismo e ele faça sentido hoje? Formularei uma hipótese e a testarei em diversas dimensões, factuais ou textuais, da sequência a que estou me referindo (ou seja, a China entre novembro de 1965 e julho de 1968).

A hipótese é a seguinte: estamos diante das condições de uma divisão essencial do partido-Estado (o Partido Comunista Chinês, no poder desde 1949). Essencial no sentido de que ela trata de questões cruciais quanto ao futuro do país: a economia e a relação entre a cidade e o campo; a transformação eventual do exército, o balanço da Guerra da Coreia; os intelectuais, as universidades, a arte e a literatura; e finalmente o valor do modelo soviético, ou stalinista. Mas essencial também, e sobretudo, porque a corrente minoritária entre os quadros do partido é ao mesmo tempo dirigida, ou representada, por aquele que tem a maior legitimidade histórica e popular, Mao Tse-Tung. Existe aí um perigoso fenômeno de não coincidência entre a historicidade do partido (o longo período da guerra popular contra os japoneses e, depois, contra Chiang Kai-shek) e o estado presente de sua atividade como ossatura do poder de Estado. Além disso, o período de Yenan será mencionado constantemente, durante a Revolução Cultural, em especial no exército, como modelo da subjetividade política comunista.

Esse fenômeno tem as seguintes consequências: o confronto das posições não consegue ser normatizado pelas regras do formalismo burocrático, tampouco pelos métodos do expurgo terrorista utilizados por Stálin nos anos 1930. Ora, no espaço do partido-Estado, só existe o formalismo ou o terror. Mao e seu grupo inventarão um terceiro recurso, a mobilização política de massa, para tentar derrubar os representantes da corrente majoritária, sobretudo seus dirigentes nas instâncias superiores do partido e do Estado. Esse recurso supõe que se admitam formas não controladas de revolta e de organização. Depois de muita hesitação, o grupo de Mao imporá sua aceitação, primeiro nas universidades, em seguida nas fábricas. Mas também, contraditoriamente, tentará reunir todas as inovações organizacionais da revolução no espaço geral do partido-Estado.

Chegamos ao cerne da hipótese: a Revolução Cultural é o desenvolvimento histórico de uma contradição. Por um lado, estimula a ação revolucionária de massa à margem do Estado de ditadura do proletariado ou ainda reconhece, no jargão teórico da época, que, embora o Estado seja formalmente um Estado "proletário", a luta de classes prossegue, inclusive nas formas da revolta de massa. Mao e seu grupo chegarão a dizer que, sob o socialismo, a burguesia se reconstitui e se organiza *no próprio Partido Comunista*. Por outro lado, como a guerra civil propriamente dita – isto é, a divisão do exército regular – é excluída, a forma geral da relação entre o partido e o Estado, em especial no que diz respeito às forças repressivas, deve permanecer inalterada, pelo menos no sentido de não *destruir* o partido. O que Mao anunciará indicando que "a esmagadora maioria dos quadros é boa".

Essa contradição acarretará, a um só tempo, transbordamentos sucessivos da autoridade do partido por parte das revoltas locais, a anarquia violenta desses transbordamentos, o caráter inelutável de um restabelecimento da ordem extremamente brutal e, por fim, a entrada em cena decisiva do exército.

Os transbordamentos sucessivos estabelecem a cronologia (as etapas) da Revolução Cultural. O grupo dirigente revolucionário primeiro tentará manter a revolta no âmbito das unidades de ensino. Essa tentativa fracassa a partir de agosto de 1966, quando as Guardas Vermelhas se alastram pelas cidades. Em seguida, tentará mantê-la no âmbito da juventude escolarizada. Mas, a partir do fim de 1966 e, sobretudo, a partir de janeiro de 1967, os operários tornam-se a principal força do movimento. Tentará ainda manter afastadas as administrações do partido e do Estado, mas elas estarão na tormenta a partir de 1967 por meio do movimento das "tomadas de poder". Por fim, tentará a qualquer custo conservar o exército como potência de reserva, último recurso. Até isso será quase impossível, com o desencadeamento da violência registrado em agosto de 1967 em Wuhan e Cantão. Aliás, é em vista de um risco real de cisão das forças armadas que terá início o lento movimento de inversão repressiva, a partir de setembro de 1967.

Coloquemos as coisas da seguinte maneira: as invenções políticas que deram uma aparência revolucionária incontestável a essa sequência só puderam se desdobrar como transbordamentos em relação ao objetivo que lhes era atribuído por aqueles que os próprios atores da revolução (a juventude e seus inúmeros grupos, os rebeldes operários...) consideravam seus dirigentes naturais: Mao e seu grupo minoritário. Dessa forma, essas invenções sempre foram localizadas e singulares, não puderam se tornar de fato proposições estratégicas e reproduzíveis. Em última análise, a significação estratégica (ou o alcance universal) dessas invenções era negativa. Pois o que elas propunham, e fizeram progredir fortemente nas consciências militantes do mundo inteiro, não era nada mais que o fim do partido-Estado como produção central da atividade política revolucionária. De modo mais geral, a Revolução Cultural mostrou que não era mais possível atribuir nem as ações de massa revolucionárias nem os fenômenos organizacionais à estrita lógica da representação das classes. Por essa razão, ela permanece um episódio político de primeiríssima importância.

5. CAMPOS EXPERIMENTAIS

Eu gostaria de testar a hipótese acima com sete referentes selecionados, tomados em ordem cronológica.

1. A circular em dezesseis pontos de agosto de 1966, que talvez seja em grande parte de autoria de Mao e, em todo caso, é o documento central mais inovador, o que apresenta mais ruptura com o formalismo burocrático dos partidos-Estados. Todo o capítulo 4 do presente livro será consagrado ao assunto.

2. As Guardas Vermelhas e a sociedade chinesa (o período que vai de agosto de 1966 a pelo menos agosto de 1967). Exploração dos limites da capacidade política da juventude secundarista e universitária mais ou menos entregue a si mesma, independentemente das circunstâncias.

3. Os "rebeldes revolucionários operários" e a Comuna de Xangai (janeiro / fevereiro de 1967), episódio capital e não concluído, porque propõe uma forma de poder alternativa ao centralismo do partido.

4. As "tomadas de poder": "grande aliança", "tripla união" e "comitês revolucionários", de janeiro de 1967 à primavera de 1968. Trata-se de saber se o movimento cria realmente novas organizações ou só visa uma regeneração do partido.

5. O incidente de Wuhan (julho de 1967). É o apogeu do movimento, o exército corre o risco de divisão, a extrema esquerda leva vantagem, mas acabará sucumbindo.

6. A entrada dos operários nas universidades (final de julho de 1968), que é, na realidade, o episódio final da existência das organizações estudantis independentes.

7. O culto à personalidade de Mao. Essa característica foi tantas vezes objeto de sarcasmos ocidentais que, no final, esqueceram de se perguntar qual era o seu significado, e em especial seu significado na Revolução Cultural, em que esse "culto" serviu de bandeira não aos conservadores do partido, mas aos rebeldes estudantes e operários, e também, durante algum tempo, na confusão, a seus adversários nas próprias massas.

6. A "DECISÃO EM DEZESSEIS PONTOS"

Esse texto foi adotado por uma sessão do Comitê Central em 8 de agosto de 1966. Ele põe em cena, com certa genialidade, a contradição fundamental do empreendimento chamado "Revolução Cultural". Aliás, um dos sinais dessa encenação é que ele não explica, ou quase não explica, o nome ("cultural") da sequência política em curso. A não ser pela enigmática e metafísica primeira frase: "A revolução cultural visa mudar o homem no que ele tem de mais profundo". Nesse ponto, "cultural" equivale a "ideológica", em um sentido particularmente radical.

Para uma análise detalhada, ver o capítulo 4, adiante.

7. GUARDAS VERMELHAS E SOCIEDADE CHINESA

A partir da primavera de 1966, o fenômeno das "Guardas Vermelhas", organizações da juventude escolarizada, se propagará de forma extraordinária. Sabemos dos gigantescos comícios da praça Tiananmen, que se sucedem durante todo o final do ano de 1966, e em que Mao, mudo, mostra-se a centenas de milhares de rapazes e de moças. Mas o mais importante é que as organizações revolucionárias irrompem nas cidades, utilizando caminhões emprestados pelo exército, e depois em todo o país, beneficiando-se do transporte gratuito nos trens com o pretexto de "troca de experiências".

É certo que temos aí a força de ataque da extensão do movimento para toda a China. Reina nele uma liberdade assombrosa, as tendências se enfrentam a céu aberto, os jornais, os panfletos, as flâmulas, os cartazes intermináveis multiplicam revelações de todos os tipos, bem como declarações políticas. Caricaturas ferozes não poupam ninguém (em agosto de 1967, as acusações contra Chu En-lai, em grandes cartazes colados durante a noite, serão uma das causas da queda da tendência dita "ultraesquerdista"). Cortejos com gongos, tambores, proclamações inflamadas circulam até tarde da noite.

Por outro lado, a tendência à militarização, a ação incontrolada de grupos de choque, aparecem logo no começo. A palavra de ordem geral é a da luta revolucionária contra as velhas ideias e os velhos costumes (é o que dá conteúdo ao adjetivo "cultural", que, em chinês, quer dizer "proveniente da civilização" e, em antigo jargão marxista, "pertencente à superestrutura"). Muitos grupos têm uma interpretação destrutiva e violenta, e mesmo persecutória, dessa palavra de ordem. A caça às mulheres que usam tranças, aos intelectuais letrados, aos professores hesitantes, a todos os "quadros" que não praticam a mesma fraseologia de tal ou qual grupúsculo, o saque de bibliotecas ou de museus, a insuportável arrogância dos chefetes revolucionários para com a massa dos indecisos, tudo isso não tardará a provocar entre as pessoas comuns uma verdadeira repulsa contra a ala extremista das Guardas Vermelhas.

No fundo, o problema já estava posto na circular de 16 de maio de 1966, primeiro ato público de rebelião de Mao contra a maioria do Comitê Central. Essa circular afirma claramente que é preciso sustentar que "sem destruição não há construção". Ela estigmatiza os conservadores, que defendem o espírito "construtivo" para se opor a qualquer destruição das bases de seu poder. Mas é difícil encontrar equilíbrio entre a evidência da destruição e o caráter lento e tortuoso da construção.

A verdade é que, armadas exclusivamente da palavra de ordem da "luta do novo contra o antigo", numerosas Guardas Vermelhas cedem a uma tendência (negativa) muito conhecida das revoluções: a iconoclastia, a perseguição das pessoas por motivos fúteis, uma espécie de barbárie assumida. É também uma propensão da juventude entregue a si mesma. Até porque, na realidade, essa juventude está dividida. Nunca se insistirá o bastante no fato de que os primeiros atos de violência de supostas "Guardas Vermelhas" foram perpetrados por organizações estudantis conservadoras, compostas em sua maioria de jovens privilegiados que defendiam a ideia de que somente os filhos e as filhas de quadros do partido ou do Estado seriam realmente "vermelhos".

Daí se concluirá que toda organização política deve ser transgeracional e que organizar a separação política da juventude é uma péssima ideia.

Sem dúvida, não foram as Guardas Vermelhas que inventaram o radicalismo anti-intelectual do espírito revolucionário. No momento de condenar à morte o químico Lavoisier, durante a Revolução Francesa, o acusador público Fouquier-Tinville pronunciou estas palavras notáveis: "A República não precisa de sábios". Uma verdadeira revolução estima que ela própria cria tudo de que necessita, e é preciso respeitar esse absolutismo criador. Nesse sentido, a Revolução Cultural foi uma verdadeira revolução. Sobre a questão da ciência e da técnica, a palavra de ordem fundamental definiu que o que conta é ser "vermelho", e não ser "especialista". Ou, na versão "moderada", a que se tornará oficial: é preciso ser "vermelho e especialista", mas antes vermelho.

No entanto, a barbárie de certos grupos de choque revolucionários agravou-se consideravelmente, na escala da ação da juventude, em razão da ausência de espaço político global para a afirmação política, para a criação positiva do novo. As tarefas da crítica, da destruição, tinham muito mais evidência que as da invenção porque estas permaneceram presas nas lutas implacáveis que se desenrolavam na cúpula do Estado.

8. A COMUNA DE XANGAI

O final de 1966 e o início de 1967 representam um ponto alto da Revolução Cultural: a entrada em cena, maciça, decisiva, dos operários das fábricas. Xangai desempenha um papel piloto nesse ponto alto.

É preciso entender bem o paradoxo dessa entrada em cena daquela que, oficialmente, é a "classe dirigente" do Estado chinês. Ela se faz, por assim dizer, pela direita. Em dezembro de 1966, são os burocratas locais, a direção conservadora do partido e da municipalidade, que fazem uso de uma clientela operária – sobretudo os sindicalistas – contra o movimento maoista das Guardas Vermelhas. Aliás, mais ou menos como, na França, em maio de 1968 e nos anos que se seguiram, o PCF [Partido Comunista Francês] tentou utilizar a velha guarda da CGT [Confederação Geral do Trabalho] contra os estudantes revolucionários ligados a jovens operários. Aproveitando-se de uma situação instável, as autoridades do partido e da municipalidade de Xangai lançam os operários em reivindicações setoriais de caráter puramente econômico e, ao mesmo tempo, os incentivam a enfrentar qualquer intervenção dos jovens revolucionários nas fábricas e nas administrações (exatamente como em maio de 1968 o PCF comandou piquetes para entrincheirar as fábricas e disseminou a caça aos "esquerdistas"). Esses movimentos sindicalizados, conduzidos com brutalidade, são de grande amplitude, especialmente a greve dos transportes e da energia, que visam propagar uma atmosfera de caos, para que as autoridades do partido possam se apresentar como os salvadores da ordem. Por todas essas razões, a minoria revolucionária se verá forçada a intervir contra as greves burocratizadas e a opor ao "economismo" e à demanda de "estímulos materiais" uma austera campanha pelo trabalho comunista e, sobretudo, pela primazia da consciência política global sobre as reivindicações particulares. Será esse o terreno da grande palavra de ordem sustentada notadamente por Lin Piao: "Lutar contra o egoísmo e criticar o revisionismo" (sabemos que, para os maoistas, "revisionista" designa a linha de abandono de qualquer dinâmica revolucionária seguida pela União Soviética, os partidos comunistas que dela dependem e um grande número de quadros do partido chinês).

No começo, o grupo maoista operário é um pouco fraco. Fala-se de 4 mil operários, no final de 1966. Ele se ligará às Guardas Vermelhas e se constituirá como minoria ativista. A aliança dos estudantes com os operários resultará, entre outras imagens revolucionárias notáveis, na reabertura do porto graças a um trabalho obstinado dos estudantes, assim engajados na palavra de ordem comunista da abolição das hierarquias no trabalho, sobretudo da separação entre trabalho manual e trabalho intelectual.

Não obstante, sua margem de ação nas fábricas propriamente ditas não é muito grande, exceto em certas empresas nas quais serão triunfantes, como a fábrica de máquinas-ferramentas, dada como exemplo pelos revolucionários durante vários anos. Na minha opinião, é justamente pelo fato de a ação direta operária se chocar nas fábricas com fortes resistências (a burocracia está profundamente implantada nelas) que os ativistas maoistas se projetarão na escala do poder urbano. Com a ajuda de uma parte dos quadros, aliados de longa data a Mao, e de uma fração do exército, destituirão a municipalidade e o comitê local do partido. Daí o que será chamado a "tomada de poder" e que marcará, sob o nome de "Comuna de Xangai", uma virada da Revolução Cultural.

Essa "tomada de poder" é paradoxal desde o começo. Por um lado, ela se inspira – como a circular em dezesseis pontos – em um contramodelo absoluto do partido-Estado: a coalizão de diferentes organizações que constituíam a Comuna de Paris e cuja ineficaz anarquia Marx já havia criticado. Por outro, esse contramodelo não tem nenhuma possibilidade de desenvolvimento nacional, na medida em que, no nível nacional, a figura do partido continua sendo a única admitida, mesmo que muitos de seus órgãos tradicionais estejam em crise. Ao longo dos episódios tumultuosos da revolução, Chu En-lai permaneceu o garantidor da unidade do Estado e de um funcionamento mínimo das administrações. Que se saiba, ele nunca foi desautorizado por Mao nessa tarefa que o obrigava a navegar a favor do vento, inclusive o da direita (caberá a ele a reabilitação de Deng Xiao Ping, "o segundo dos mais altos responsáveis que, embora do partido, estão engajados na via capitalista", segundo a fraseologia da revolução, e isso desde o início dos anos 1970). Ora, Chu En-lai deixou claro para as Guardas Vermelhas que as "trocas de experiência" em todo o país eram lícitas, mas que não poderia haver uma organização revolucionária de amplitude nacional.

Assim, a Comuna de Xangai, constituída após intermináveis discussões a partir de organizações estudantis e operárias na base local, só logra uma unidade frágil. Da mesma maneira, se o gesto (a "tomada de poder" pelos revolucionários) é fundamental, seu espaço político é demasiadamente estreito. Em consequência, a entrada em cena dos operários é, a um só tempo, uma espetacular ampliação da base de massa revolucionária, uma grande e por vezes violenta experiência das formas de poder burocratizadas e o esboço sem futuro de uma nova articulação entre a iniciativa política popular e o poder de Estado.

9. AS TOMADAS DE PODER

Nos primeiros meses de 1967, na esteira dos acontecimentos de Xangai, em que os revolucionários derrubaram a municipalidade antimaoista, veremos multiplicarem-se, em todo o país, as "tomadas de poder". Há um aspecto material impressionante nesse movimento: os revolucionários, organizados em grupúsculos e em grupos de choque, essencialmente estudantes e operários, invadem todos os tipos de edifícios administrativos, inclusive os das municipalidades ou do partido, e neles instalam, geralmente numa confusão dionisíaca, não sem violência e destruições, um novo "poder". Muitas vezes, os antigos detentores do poder são "mostrados às massas", o que não é uma cerimônia nada agradável. O burocrata, ou assim presumido, usa um chapéu de burro e traz um cartaz que descreve seus crimes, tem de abaixar a cabeça e recebe alguns pontapés ou coisa pior. Esses exorcismos, aliás, são práticas revolucionárias bastante conhecidas. Trata-se de fazer com que as pessoas comuns ali aglomeradas saibam que os antigos intocáveis, aqueles cuja arrogância suportavam em silêncio, agora estão entregues à humilhação pública. Depois de sua vitória em 1949, os comunistas chineses organizaram cerimônias desse tipo por toda a parte no campo, para destituir moralmente os antigos proprietários de terras, os "déspotas locais e maus fidalgotes", dando assim a saber a qualquer camponês chinês, depreciado durante milênios, que o mundo tinha "mudado de base" e que agora ele era o verdadeiro senhor do país.

Mas devemos atentar para o fato de que, a partir de fevereiro, a palavra "comuna" – para designar os novos poderes locais – desaparece, substituída pela expressão "comitê revolucionário". Essa mudança decerto não é anódina, pois "comitê" sempre foi o nome dos órgãos provinciais ou municipais do partido. Haverá então um vasto movimento de organização, em todas as províncias, de novos "comitês revolucionários", mas não fica claro se eles duplicam ou pura e simplesmente substituem os antigos e temidos "comitês do partido".

Na realidade, a ambiguidade da denominação designa o comitê como o produto impuro do conflito político.

Para os revolucionários locais, trata-se de substituir o partido por um poder político diferente, após a eliminação quase completa dos antigos quadros dirigentes. Para os conservadores, que gradualmente se defendem, trata-se de reabilitar os quadros locais após uma crítica fictícia. Eles são incentivados nessa linha pelas repetidas declarações centrais segundo as quais a grande maioria dos quadros do partido é boa. Para a direção nacional maoista, concentrada no estreitíssimo "grupo do Comitê Central para a Revolução Cultural", uma dúzia de pessoas, trata-se de fixar um alvo para as organizações revolucionárias (as "tomadas de poder") e de inspirar aos adversários um temor constante, preservando, ao mesmo tempo, o quadro geral do exercício do poder, que segundo eles continua sendo o partido único.

As fórmulas pouco a pouco propostas privilegiarão a unidade. Será discutida a "tripla união", o que significa unir nos comitês um terço de revolucionários recém-chegados, um terço de antigos quadros que fizeram eventualmente sua autocrítica e um terço de militares. Será discutida também a "grande aliança", o que significa que localmente se solicita às organizações revolucionárias que se unam e façam cessar seus confrontos (às vezes armados). Essa unidade supõe, na verdade, uma coerção crescente, inclusive sobre o conteúdo das discussões, e uma limitação cada vez mais severa do direito de se organizar livremente em torno de uma ou outra iniciativa ou convicção. Mas como fazer de outro modo, a não ser deixar que as coisas derivem para a guerra civil e se submeter ao que se passará no aparelho repressivo? O debate ocupará quase todo o ano de 1967, ano decisivo em todos os aspectos.

10. O INCIDENTE DE WUHAN

Esse episódio do verão de 1967 é particularmente interessante, pois apresenta todas as contradições de uma situação revolucionária no momento de seu apogeu, que é, evidentemente, o momento em que se anuncia sua involução.

Em julho de 1967, com o apoio de militares conservadores, a contrarrevolução dos burocratas domina na enorme cidade industrial de Wuhan, que conta com nada menos que 500 mil operários. O poder efetivo é detido por um oficial, Chen Tsai-tao. Duas organizações operárias ainda se enfrentam, e esses confrontos fazem, em maio e em junho, dezenas de mortos. A primeira, apoiada de fato pelo exército, ligada aos quadros locais e aos antigos sindicalistas, chama-se "Milhão de Valorosos". A segunda, bastante minoritária, chamada "Aço", encarna a linha maoista. A direção central, preocupada com o domínio reacionário na cidade, envia ao local o ministro da Segurança Pública e um membro então bastante conhecido do "grupo do Comitê Central para a Revolução Cultural", chamado Wang Li. Este é muito popular entre as Guardas Vermelhas, pois é conhecido por suas tendências declamatórias "esquerdistas". Ele já havia sustentado que era necessário fazer um expurgo no exército. Os enviados são portadores de uma ordem de Chu En-lai para apoiar o grupo rebelde "Aço", de acordo com a diretiva endereçada aos quadros em geral e aos militares em particular: "Distinguir-se no discernimento e no apoio da esquerda proletária no movimento". Diga-se de passagem que Chu En-lai se encarregou da terrível tarefa de arbitrar entre as facções, entre as organizações revolucionárias rivais, e que, para isso, recebe dia e noite delegados da província. Portanto, ele é altamente responsável pelos progressos da "grande aliança", pela unificação dos "comitês revolucionários" e pelo discernimento de quem é "a esquerda proletária" nas situações concretas, cada vez mais confusas e violentas.

No dia de sua chegada, os delegados do poder central realizam um grande comício com as organizações rebeldes em um estádio da cidade. A exaltação revolucionária está no auge.

Podemos ver ali presentes todos os atores da fase ativa da revolução: os quadros conservadores e sua não desprezível capacidade de mobilização, primeiro no campo (milícias provenientes dos subúrbios rurais participarão da repressão das Guardas Vermelhas e dos rebeldes a partir da virada de 1968), mas também entre os operários e, obviamente, na administração; as organizações rebeldes, estudantis e operárias, contando com seu ativismo, sua coragem e o apoio do grupo central maoísta para vencer, embora sejam muitas vezes minoritárias; o exército, ao qual se requereu que escolhesse quem apoiar; o poder central, buscando ajustar sua política às situações. Soube-se depois, mas sem muitos detalhes, que o próprio Mao estava presente em Wuhan no mesmo momento. Daí a importância capital do confronto nessa cidade.

Em algumas cidades, a situação que une todos esses atores é bastante violenta. Em Cantão, em particular, os confrontos entre os grupos de choque armados das organizações rivais são cotidianos. Localmente, o exército decidiu lavar as mãos. Sob o pretexto de que, na circular em dezesseis pontos, consta que não se deve intervir nos problemas que surgem no decorrer do movimento, o chefe militar local pede somente que, antes de uma briga de rua, seja assinada na sua frente uma "declaração de rixa revolucionária". Apenas a chegada de reforços é proibida. O resultado é que há, também em Cantão, durante o verão, dezenas de mortos todos os dias.

Nesse contexto, em Wuhan, as coisas acabarão mal. Na manhã de 20 de julho, os grupos de choque do "Milhão de Valorosos", apoiados por unidades do exército, ocupam os pontos estratégicos e lançam em toda a cidade uma caça aos rebeldes. Atacam o hotel em que se hospedam os enviados do poder central. Um grupo de militares prende Wang Li e alguns membros das Guardas Vermelhas e os espanca impiedosamente. Teriam tido o projeto de um golpe de Estado em escala nacional, capturando o próprio Mao, cuja presença é hoje atestada? A verdade é que o "esquerdista" Wang Li, por sua vez, é "mostrado às massas" com um cartaz pendurado no pescoço que o estigmatiza – ironia da situação! – como "revisionista", ele que vê revisionistas por todo lado. O ministro da Segurança Pública é sequestrado em seu quarto. A universidade e os membros do "Aço", epicentros da tendência rebelde, são atacados por grupos armados apoiados por blindados. No entanto, quando as notícias começam a circular, outras unidades do exército tomam partido contra os conservadores e seu chefe Chen Tsai-tao. A organização "Aço" monta uma contraofensiva. O comitê revolucionário é detido. Alguns militares conseguem libertar Wang Li, que fugirá da cidade correndo por terrenos baldios e bosques.

A situação beira a guerra civil. Serão necessários o sangue-frio do poder central e as firmes declarações de inúmeras unidades do exército em todas as províncias para mudar o curso das coisas.

Que lições tirar, para o futuro, desse tipo de episódio? Em um primeiro momento, Wang Li, com o rosto inchado, é recebido como herói em Pequim. Kiang Tsing, mulher de Mao e grande dirigente rebelde, lhe dá um caloroso abraço. Em 25 de julho, um milhão de pessoas o aclamam, na presença de Lin Piao. A corrente ultraesquerdista, que pensa ter a situação a seu favor, pede um expurgo radical no exército. É também nesse momento, no mês de agosto, que cartazes denunciam Chu En-lai como direitista.

Mas tudo isso é apenas um momento. É claro que em Wuhan impõe-se o apoio aos grupos rebeldes e a substituição de Chen Tsai-tao. Só que, dois meses depois, Wang Li será brutalmente eliminado do grupo dirigente, não haverá expurgo significativo no exército, a importância de Chu En-lai só crescerá e o retorno à ordem começará a ser exercido contra as Guardas Vermelhas e algumas organizações rebeldes operárias.

Dessa vez, o que se evidencia é o papel capital do exército popular como pilar do partido-Estado chinês. Foi-lhe confiado um papel estabilizador na revolução e ele foi solicitado a apoiar a esquerda rebelde, mas não se previu nem tolerou que ela se dividisse e abrisse em grande escala a perspectiva de uma guerra civil. Os que desejam ir até esse ponto serão aos poucos eliminados. E, por ter pactuado com eles, a própria Kiang Tsing passou a ser alvo constante de suspeita, inclusive, ao que parece, por parte de Mao. Ele a fará lembrar, numa carta vinda a público, que na política "o que conta é o conteúdo" e não as personalidades, cuja denúncia ocupa quase todo o campo da ação dos rebeldes.

Nesse estágio da Revolução Cultural, Mao deseja que a unidade prevaleça nas fileiras rebeldes, sobretudo operárias, e começa a temer os estragos causados pelo espírito de facção e pela arrogância das Guardas Vermelhas. Em setembro de 1967, depois de uma viagem pelas províncias, ele lança a diretiva "Nada de essencial divide a classe operária", o que, para bom entendedor, significa que há distúrbios violentos entre organizações rebeldes e conservadoras e, além disso, que é imprescindível que esses distúrbios cessem, que as organizações sejam desarmadas e que o aparelho repressivo recupere o monopólio legal da violência, bem como sua estabilidade política. A partir de julho, ao mesmo tempo que dá prova de seu habitual espírito de luta e de rebelião (ele também diz nesse momento, com visível deleite, que "o país inteiro está na briga" e que "a luta, mesmo violenta, é boa; uma vez que as contradições vêm à luz, é mais fácil resolvê-las"), Mao preocupa-se com a guerra das facções, declara que, "quando comitês revolucionários são fundados, os revolucionários pequeno-burgueses devem ser corretamente dirigidos", estigmatiza o esquerdismo, que "é na verdade um direitismo", e sobretudo preocupa-se com o fato de que, a partir de janeiro e da tomada do poder em Xangai, "a ideologia burguesa e pequeno-burguesa que estava em pleno desenvolvimento entre os intelectuais e os jovens estudantes arruinou a situação".

11. A ENTRADA DOS OPERÁRIOS NAS UNIVERSIDADES

Desde fevereiro de 1968, os conservadores pensam que a hora da revanche soou, após a involução do movimento no final do verão de 1967. Mas Mao e seu grupo continuam alertas. Lançam uma campanha estigmatizando a "contracorrente de fevereiro" e renovam seu apoio aos grupos revolucionários e à construção de novos órgãos de poder.

No entanto, a manutenção das universidades sob o jugo de grupúsculos rivais não é mais sustentável, numa lógica geral de retorno à ordem e na perspectiva de um congresso do partido encarregado de fazer o balanço da revolução (de fato, esse congresso se realizará no início de 1969, ratificando o poder de Lin Piao e dos militares). É preciso dar um exemplo, evitando ao mesmo tempo a eliminação pura e simples das últimas Guardas Vermelhas, concentradas nos prédios da Universidade de Pequim. A solução adotada é simplesmente extraordinária: faz-se um apelo a milhares de operários organizados para que, sem armas, invadam a universidade, desarmem as facções e garantam diretamente sua autoridade. Como dirá mais tarde o grupo dirigente, "a classe operária deve dirigir em tudo" e "os operários permanecerão por muito tempo, e mesmo para sempre, nas universidades". Esse episódio é um dos mais surpreendentes de todo o período porque torna visível a necessidade, para a força anárquica e violenta dos jovens, de reconhecer uma autoridade "de massa" acima dela, e não só, sobretudo nem mesmo, a autoridade institucional dos dirigentes reconhecidos. O momento é ainda mais surpreendente e dramático, pois alguns estudantes abrem fogo contra os operários, há mortos e, na multidão, Mao e todos os dirigentes do grupo maoista convocam os líderes estudantis mais conhecidos, em especial certo Kuai Ta-fu, líder adorado das Guardas Vermelhas na Universidade de Pequim e nacionalmente conhecido. Existe uma transcrição dessa conversa direta entre os jovens revolucionários teimosos e a velha guarda. Nela, Mao expressa a grave decepção que lhe causou o espírito de facção nos jovens e ao mesmo tempo um resto de amizade política por eles e a vontade de encontrar uma saída. Vê-se que, ao trazer os operários, Mao quis evitar que a situação degenerasse no "controle militar". Quis proteger aqueles que foram seus aliados iniciais, portadores do entusiasmo e da inovação política. Mas Mao também é um homem do partido-Estado. Quer sua renovação, ainda que violenta, e não sua destruição. Sabe bem, afinal, que, ao submeter o último quadrilátero de jovens revoltados "esquerdistas", ele liquida a última margem que resta ao que não coincide com a linha (em 1968) dos dirigentes reconhecidos da Revolução Cultural: uma linha de reconstrução do partido. Sabe, mas se resigna. Pois ele não tem – ninguém tem – hipótese alternativa para a existência do Estado, e o povo, após dois anos exaltantes, mas muito penosos, quer, em sua imensa maioria, que o Estado exista e faça conhecer, se necessário rudemente, sua existência.

12. O CULTO À PERSONALIDADE

Sabe-se que durante a Revolução Cultural o culto a Mao tomou formas extraordinárias. Houve não só as estátuas gigantescas, *O pequeno livro vermelho*, a invocação constante do presidente em todas as ocasiões, os hinos ao "Grande Timoneiro", mas houve, sobretudo, uma extensão extraordinária da unicidade da referência, como se os escritos e os ditos de Mao bastassem em qualquer circunstância, inclusive no que diz respeito a plantar tomates ou decidir sobre o uso (ou não) do piano nos concertos sinfônicos. É surpreendente ver que foram os grupos rebeldes mais violentos, os mais contrários à ordem burocrática, que levaram mais longe esse aspecto das coisas. Foram eles, especialmente, que lançaram a fórmula da "autoridade absoluta do pensamento de Mao Tse-

-Tung" e declararam que era preciso se submeter a esse pensamento mesmo quando ele não fosse compreendido. Temos de admitir que são enunciados simplesmente obscurantistas.

É preciso acrescentar que, como todas as facções e organizações em disputa invocam o pensamento-Mao, a expressão, que serve para designar orientações totalmente contraditórias, acaba por perder qualquer sentido, fora o de um uso superabundante de citações cuja exegese é constantemente variável.

Ainda assim, eu gostaria de fazer algumas observações. Por um lado, esse tipo de devoção, assim como o conflito das exegeses, é totalmente corrente nas religiões estabelecidas, inclusive nas nossas, sem que vejamos aí uma patologia, muito pelo contrário – os grandes monoteísmos permanecem aqui vacas sagradas. Ora, Mao prestou infinitamente mais serviços reais a seu povo, que libertou ao mesmo tempo da invasão japonesa, do colonialismo traiçoeiro das potências "ocidentais", do feudalismo no campo e da pilhagem pré-capitalista, do que os serviços prestados a nossos países pelos personagens, fictícios ou eclesiais, da história recente desses monoteísmos. Por outro lado, a sacralização, inclusive biográfica, dos grandes artistas é um dado recorrente de nossa prática "cultural". Damos importância aos recibos de lavanderia desse ou daquele grande poeta. Se a política é, como creio, e como pode ser a poesia, um procedimento de verdade, então sacralizar os criadores políticos não é nem mais nem menos absurdo do que sacralizar os criadores artísticos. Talvez menos, no final de contas, pois a criação política é provavelmente mais rara, com certeza mais arriscada, e se dirige mais imediatamente a todos, em especial àqueles – como os camponeses e os operários chineses antes de 1949 – que o poder em geral considera inexistentes.

Mas isso não nos dispensa de esclarecer o fenômeno particular do culto político, dado invariável dos Estados e dos partidos comunistas e dado paroxístico da Revolução Cultural.

Do ponto de vista geral, o "culto à personalidade" está ligado à tese segundo a qual o partido, representante da classe operária, é a fonte hegemônica da política, o detentor previsível da linha correta. Como se diz desde os anos 1930, "o partido tem sempre razão". O problema é que nada garante a representação, nem a certeza hiperbólica quanto à racionalidade. Importa então que haja, como substituto dessa garantia, uma *representação da representação* que seja, por sua vez, uma singularidade, legitimada precisamente apenas por sua singularidade. Por fim, uma pessoa, um corpo singular, vem operar como garantia superior, na forma esteticamente clássica do gênio. Aliás, é curioso que, educados na teoria do gênio no universo da arte, nós nos ofusquemos tanto quando ela surge no universo da política. Para os partidos comunistas, entre os anos 1920 e 1960, a genialidade individual é somente a encarnação, o ponto fixo, da duvidosa capacidade representativa do partido. Pois é mais fácil acreditar na retidão e na força intelectual de um homem distante e solitário do que na verdade e na pureza de um aparelho cujos chefetes locais são conhecidos.

Na China, a questão é ainda mais complexa. Pois Mao, durante a Revolução Cultural, encarna menos a capacidade representativa do partido do que aquilo que discerne e combate, dentro do próprio partido, o "revisionismo" ameaçador. Ele é aquele que diz, ou deixa dizer em seu nome, que a burguesia é politicamente ativa no Partido Comunista. É também aquele que incentiva os rebeldes, propaga a palavra de ordem "Temos razão de nos revoltar", incentiva os distúrbios, justamente quando é incensado como presidente do partido. Nesse sentido, ele é por vezes menos aquele que garante o partido real para a massa dos revolucionários do que a encarnação, em sua única pessoa, de um partido proletário ainda por vir. Ele é como uma revanche da singularidade sobre a representação.

Em última análise, é preciso sustentar que "Mao" é um nome intrinsecamente contraditório no campo político revolucionário. Por um lado, é o nome supremo do partido-Estado, seu presidente incontestável, aquele que detém, como chefe militar e fundador do regime, a legitimidade histórica do Partido Comunista. Por outro, "Mao" é o nome daquilo que, do partido, não é redutível à burocracia de Estado. Ele o é evidentemente pelas chamadas à revolta lançadas à juventude e aos operários. Mas ele o é do próprio interior da legitimidade do partido. De fato, muitas vezes, por meio das decisões provisoriamente minoritárias e mesmo dissidentes, Mao garantiu a continuação da experiência política totalmente singular dos comunistas chineses entre 1920 e a vitória dos anos 1940 (desconfiança em relação aos conselheiros soviéticos, renúncia ao modelo de insurreição, "cerco das cidades pelo campo", prioridade absoluta da ligação de massa etc.). Em todos os aspectos, "Mao" é o nome de um paradoxo: o rebelde no poder, o dialético à prova das necessidades contínuas do "desenvolvimento", o emblema do partido-Estado em busca de sua superação, o chefe militar que prega a desobediência às autoridades... Foi isso que deu a seu "culto" uma aparência frenética, pois ele acumulava subjetivamente o acordo concedido à pompa stalinista estatal e o entusiasmo de toda a juventude revolucionária pelo velho rebelde que o estado das coisas não podia satisfazer e que quer marchar ativamente para o comunismo real. "Mao" designava a "construção do socialismo", mas também sua destruição.

Por fim, a Revolução Cultural, em seu próprio impasse, atesta a impossibilidade de libertar a política, realmente e de modo global, do quadro do partido-Estado, quando está inserida nele. É uma experiência insubstituível de saturação, porque nela uma vontade violenta de buscar um novo caminho político, de recomeçar a revolução, de encontrar as formas novas da luta operária nas condições formais do socialismo veio se chocar contra a manutenção inevitável do quadro geral do partido-Estado, por razões de ordem estatal e de recusa da guerra civil.

Sabemos hoje que qualquer política de emancipação deve acabar com o modelo do partido, ou dos partidos, afirmar-se como política "sem partido", sem, porém, cair na figura anarquista, que nunca foi mais do que a crítica vã, ou o duplo – ou sombra – dos partidos comunistas, assim como a bandeira negra não é mais do que o duplo ou a sombra da bandeira vermelha.

No entanto, nossa dívida para com a Revolução Cultural permanece imensa. Pois, associado a essa corajosa e grandiosa saturação do motivo do partido, contemporâneo ao que aparece hoje claramente como a última revolução ainda ligada de forma dogmática ao motivo das classes, da luta de classes e da representação das classes nos partidos, nosso maoismo terá sido a experiência e o nome de uma transição fundamental. E sabemos agora que, sem essa transição, ou sem a fidelidade a ela, não existe nada senão a globalização de um capitalismo vitorioso, predador, selvagemente desigualitário e, sob as cores da "modernidade", de um arcaísmo político total.

[4] OUTRA OBRA POLÍTICA: A "DECISÃO EM DEZESSEIS PONTOS" DO PARTIDO COMUNISTA CHINÊS

1. CONSIDERAÇÕES PRELIMINARES: A CHINA EM 1966

Quando se inicia o verão de 1966, há na China uma situação de efervescência extrema: a mobilização de milhões de pessoas, principalmente jovens. Como vimos no capítulo anterior, esse elã de massa é articulado sobre uma profunda divisão do partido, portanto do Estado, de modo que as mais altas autoridades são caricaturadas, insultadas e mesmo intimidadas em comícios colossais. Quase todos os dias, são publicados milhares de jornais novos, escritos por jovens revolucionários. A liberdade de ir e vir estende-se até o direito de invadir os prédios públicos e de ler os arquivos secretos das administrações. O próprio movimento é violentamente dividido em duas tendências principais, conservadora e esquerdista, mas também numa miríade de posições intermediárias ou locais. Responder à simples pergunta "Quem é quem?" requer que se saiba mais ou menos a posição de grupos do tipo "Brigada da Revolução Vermelha Integral do Departamento de Biologia Aplicada da Universidade de

Wuhan". Logo, uma situação como essa requer informação sólida, sangue-frio e uma rara capacidade de decisão. É o que será exigido dos participantes da "Sessão Plenária do Comitê Central Oriundo do VIII Congresso do Partido Comunista Chinês". Suas deliberações resultam no texto intitulado "Decisão do Comitê Central do Partido Comunista Chinês sobre a grande revolução cultural proletária", cuja redação, como será amplamente divulgado, teve a participação de Mao em pessoa.

2. A REUNIÃO DO "COMITÊ CENTRAL"

A reunião de agosto de 1966 refletia uma situação da qual o mínimo que se pode dizer é que era excepcional. E também é excepcional até em sua composição. O que é certo, como especifica um longo comunicado, é que ela transcorre de 10 a 12 de agosto de 1966, "sob a presidência do camarada Mao Tse-Tung". É certo também, isso é o mínimo, que "os membros e os membros suplentes do Comitê Central participaram dela". Mas, além destes, quem mais, cuja presença certamente não está prevista nos estatutos? Nesse ponto, o comunicado não é muito claro. Vejamos a lista heteróclita dos participantes não membros do Comitê Central nessa reunião crucial do referido comitê:

> Também estavam presentes camaradas dos gabinetes regionais do Comitê Central e dos comitês do Partido para as províncias, municipalidades e regiões autônomas, os membros do Comitê Central encarregado da revolução cultural, camaradas dos departamentos interessados ligados ao Comitê Central do Partido e do governo, bem como representantes dos professores e dos estudantes revolucionários dos estabelecimentos de ensino superior da capital.

Esses "camaradas dos gabinetes", "camaradas interessados" e "representantes" significam claramente que, para

essa sessão transcorrida em plena tempestade histórico-
-política, a composição do Comitê Central foi bastante
modificada. Aí está um indício do que vai aos poucos
se revelar como um ponto fundamental: a concepção
maoista do partido é que ele deve estar em permanente
contato com movimentos populares e aprender com os
participantes desses movimentos tanto, se não mais,
quanto o que ele tem condições de lhes ensinar. O partido, então, deve ter certa flexibilidade em sua composição. O comunicado, sintetizando de maneira abstrata um
tema recorrente na "Decisão", declara o seguinte:

> A chave do sucesso da grande revolução cultural reside na
> confiança nas massas, no apoio a elas, em sua total mobi-
> lização, no respeito a seu espírito de iniciativa. É preciso,
> por conseguinte, apoiar-se na linha que consiste em vir
> das massas e voltar para as massas. Ser primeiro aluno das
> massas antes de se tornar seu professor. É preciso ousar
> fazer a revolução, é preciso saber fazê-la direito. Não se
> deve temer as desordens. [...] É preciso opor-se às múlti-
> plas restrições impostas às massas, que amarram seus pés
> e mãos. Não ser senhores ou ficar acima das massas para
> comandá-las cegamente.

Pode-se então sustentar que o texto fundamental que é a
"Decisão" – conhecida finalmente sob o nome de "Decisão
em dezesseis pontos" – é da ordem da obra política, em
um sentido preciso: não é um documento administrativo
produzido pelo partido-Estado. É escrita e discutida por
uma reunião especial, imersa na situação, entre outras
coisas porque aí participam ativistas do movimento e em
última instância porque ela se posiciona não a partir de
sua própria existência regular, mas *envolvendo-se em todos
os pontos que dividem o próprio movimento*.

89

3. A "DECISÃO EM DEZESSEIS PONTOS"

A AQUISIÇÃO MAOISTA

A "Decisão", ao longo de seus dezesseis pontos, não segue um plano predeterminado, mas volta, vez por outra, a alguns motivos reconhecíveis. É como uma composição musical construída sobre temas. Alguns desses, em modo menor, são as questões sobre as quais ao que tudo indica um acordo foi encontrado com rapidez; outros, em modo maior, são as questões sobre as quais adivinhamos que a discussão foi árdua e longa.

Pertencem à primeira categoria, a das teses ampla-mente partilhadas, os enunciados clássicos, que já foram muitas vezes propostos na história da revolução chinesa e do Partido Comunista Chinês (PCC). Vejamos cinco deles.

TEMA 1 – A importância excepcional, destacada desde sempre por Mao, das intervenções de tipo ideológico, da propagação dos princípios e dos ideais do comunismo. Assim, no ponto 1 da "Decisão": "Para derrubar um regime, deve-se necessariamente e antes de tudo preparar a opi-nião e trabalhar no campo ideológico". Hoje, no estado de fraqueza em que caiu a ideia comunista, essa exortação é realmente essencial. Reconstituir, no plano das represen-tações, a antinomia geral entre capitalismo e comunismo é um dever genuíno dos intelectuais dignos desse nome e, na verdade, o mais importante de seus deveres. No ponto 10, a "Decisão" estabelece uma tarefa que deveria ser a nossa, após trinta anos de dominação, em todos os campos, dos intelectuais aderidos à ordem estabelecida: "O fenômeno dos intelectuais burgueses que dominam nossos estabelecimentos de ensino deve acabar completa-mente no decorrer dessa grande revolução cultural".

TEMA 2 – As diferentes figuras da ação política, sem-pre cuidadosamente distinguidas por Mao. Em toda obra política, há uma parcela de antagonismo, de destruição, mas nunca deve ser a única. Há também a crítica, que se distingue da negação ou da supressão, porque admite a discussão e sua duração própria e porque deve resultar em transformações reais, reformas, que exigem o maior assentimento das massas envolvidas. Vejamos esta passagem do ponto 1 da "Decisão":

> Na hora atual, temos por objetivo *combater e eliminar* aqueles que detêm postos de direção, mas se engajaram na via capitalista, *criticar* as "autoridades" acadêmicas reacionárias da burguesia e de todas as outras classes exploradoras, e *reformar* o sistema de ensino, a literatura, a arte e todos os outros ramos da superestrutura.

No final da Revolução Cultural, o que está aqui presente como meta revolucionária se tornará uma espécie de máxima geral: a vida militante será definida como o complexo luta/crítica/reforma. Isso também pode interessar à nossa situação, na qual domina a ideia de "resistência", que é negação pura e inarticulada.

TEMA 3 – A visão extremamente ampla da temporalidade política, que sempre foi a de Mao, servindo-se naturalmente nesse ponto da tradição chinesa. Contra a impaciência dos revoltados, e ainda que os apoie, a "Decisão em dezesseis pontos" lembra que a dialética histórica é complexa e que o julgamento de uma política só pode ser validado a longo prazo. Por exemplo, no ponto 9:

> A luta conduzida pelo proletariado contra o pensamento, a cultura, os usos e os costumes antigos legados por todas as classes exploradoras durante milênios se estenderá necessariamente por um período extremamente longo.

Essa máxima deve nos permitir julgar aqueles que estão hoje convencidos de que o capitalismo vai desmoronar ou mesmo que já está morto: eles são totalmente alheios ao devir real da humanidade. Não enxergam que a questão do comunismo, portanto da política anticapitalista efetiva, é uma saída não só das particularidades do capitalismo, como de qualquer concepção dominante da vida coletiva há milênios.

TEMA 4 – A convicção, ligada ao ponto 3, de que a formação de uma subjetividade comunista a um só tempo consciente e eficaz exige precisamente que se mergulhe sem reservas nos movimentos de massa, mas dominando a impaciência e o desencorajamento. De fato, é só admitindo que os processos da emancipação estão numa escala muito superior à deste ou daquele engajamento que se tem uma chance de sucesso nesse engajamento. Vejamos, no ponto 2:

> Dado que a resistência [dos adversários] é muito forte, a luta conhecerá fluxos e refluxos, até mesmo refluxos repetidos. No entanto, esses fluxos e refluxos não têm nada de nocivo. Permitirão ao proletariado e às outras camadas trabalhadoras, sobretudo à jovem geração, imergir na situação e dela tirar lições e experiências e os auxiliarão a compreender que a via revolucionária é tortuosa e não sem obstáculos.

A ideia hoje bastante difundida em muitos de nossos ativistas é a de que tudo o que se passa do lado da dominação se dissolverá no contato com "nossas vidas", que permanecem alheias e como que indiferentes a tudo isso. Seria melhor que eles previssem seus fracassos repetidos e com eles se reeducassem quanto à lentidão tortuosa das estratégias eficazes.

TEMA 5 – A visão maoista da dialética. Pelo menos dois dos textos filosóficos de Mao foram bastante conhecidos: leitores tão diferentes quanto Brecht e Althusser os comentaram com paixão. São o pequeno tratado *Sobre a contradição* (1937) e o texto *Da justa solução das contradições no seio do povo* (1957). Um motivo recorrente desses textos é a existência de diferentes tipos de contradição, portanto o cuidado que se deve ter, na ação política, quanto ao discernimento do tipo de contradição com o qual se está lidando. Vê-se bem do que se trata: nada menos que a diferença entre o inimigo irredutível e o amigo potencial. A contradição com o primeiro é antagônica e é da ordem de uma luta frontal. A contradição com o segundo, dito por Mao "o seio do povo", é da ordem da discussão argumentada para determinar o que é verdadeiro. Se, como Carl Schmitt, Mao, que foi durante muito tempo um chefe militar, dá grande importância a uma estrita determinação do inimigo, diversamente de Schmitt, ele não faz dessa determinação *a essência* da política. Muito pelo contrário. Pois para ele a arte difícil da política é resolver as contradições no seio do povo de modo a constituir, contra o inimigo, uma força de máxima amplitude. Subestimar o trabalho de "justa solução" das contradições no seio do povo, ver inimigos por toda parte, resolver os problemas políticos pela violência e pela coação, eis o que, talvez, fosse a visão de Stálin, mas certamente não era a de Mao. Esse, aliás, é um dos pontos que o fez afirmar, em textos que conhecemos agora, que Stálin não sabia muito sobre dialética.

No caso da Revolução Cultural, a questão do discernimento dos tipos de contradição revelou-se crucial, e nos fatos, apesar das objurgações de Mao, não pôde ser solucionada de forma positiva. O fenômeno da ultraesquerda, que vê contradições antagônicas por todo lado, que emprega inutilmente a violência, que não sabe organizar reuniões e discussões de onde possam sair ideias justas e viáveis por todos, envenenou permanentemente o movimento e, com o tempo, o conduziu à sua queda. No momento em que era necessário experimentar a visão comunista das coisas em domínios precisos – o ensino nas universidades, a organização do trabalho nas fábricas ou, mais ainda, as novas formas possíveis de relação imanente entre a produção intelectual e o trabalho manual –, miríades de grupos e chefetes arrogantes acabaram abrindo a via para o que mais tarde se tornariam as pretensões de uma classe média ascendente a servir finalmente de apoio à restauração do capitalismo na China.

Na "Decisão", a luta para que não sejam confundidos os dois tipos de contradição adquire o tom severo de uma advertência. Essa passagem merece ser citada integralmente, pois nela se ouve a preocupação crescente de uma deriva do movimento para uma espécie de atomização sectária, totalmente estranha ao pensamento político comunista. Trata-se do ponto 6 da "Decisão":

É preciso fazer uma distinção estrita entre os dois tipos de contradição de natureza diferente: as contradições no seio do povo e aquelas entre nossos inimigos e nós mesmos. As contradições no seio do povo não devem ser tratadas do mesmo modo que as que nos opõem a nossos inimigos, assim como as contradições entre nossos inimigos e nós não devem ser consideradas contradições no seio do povo.

[...] O método de raciocinar apoiando-se em fatos e o da persuasão pelo raciocínio devem ser aplicados no decurso do debate. Não é permitido usar coação para subjugar a minoria que sustenta visões diferentes. A minoria deve ser protegida, porque às vezes a verdade está do seu lado. Mesmo se ela tem visões errôneas, é-lhe sempre permitido defender-se e reservar suas opiniões.

Em um debate, deve-se recorrer à argumentação, e não à coação ou à contradição.

Durante o debate, cada revolucionário deve saber refletir independentemente e desenvolver esse espírito comunista que é o de ousar pensar, ousar falar e ousar agir. No âmbito de uma mesma orientação geral, os camaradas revolucionários devem, a fim de reforçar a unidade, evitar discussões infindáveis sobre questões secundárias.

As Guardas Vermelhas da Revolução Cultural foram muitas vezes representadas como pequenos soldados marchando em cadência e praticando atos de violência, a serviço de um Mao envelhecido obcecado pelo desejo de permanecer no poder. Vê-se nesse texto que, ao contrário, essas Guardas Vermelhas formam uma enorme constelação revoltada, trabalhada por contradições que consideram essenciais, que ninguém as tem sob controle e que a preocupação mais importante de Mao é que organizem discussões racionais, evitem qualquer violência e se orientem para decisões positivas numa direção regulada pelos princípios gerais do comunismo.

Tudo isso está em conformidade total com a visão maoista da política, visão paciente e generosa, fundada na autoridade, no seio das massas, da discussão racional no sentido de entrar em acordo sobre a verdade da situação e de responder a partir daí à questão "Que fazer?".

SINGULARIDADE DA REVOLUÇÃO CULTURAL

O que a Revolução Cultural revela, e constitui sua singularidade, é que na figura do Estado socialista o que se opõe ao movimento comunista é simplesmente o próprio Estado socialista. Por quê? Porque ele funde o Estado e o partido, portanto despolitiza as situações, trabalha de modo isolado e autoritário, porque está desligado das massas populares e porque muitos de seus membros encontram, em sua associação com as autoridades, com os quadros, uma renda garantida. Mao chegará ao ponto de dizer que uma nova burguesia se reconstituiu no próprio Partido Comunista. Destituir essa nova burguesia é um dos objetivos estratégicos da Revolução Cultural, mas aí, também, tomando muito cuidado para distinguir os tipos de contradição. Vejamos esta passagem do ponto 5 da "Decisão":

> O movimento em curso visa principalmente aqueles que, no Partido, detêm postos de direção e se engajam na via do capitalismo.
>
> É preciso cuidar para que uma estrita distinção seja feita entre os elementos de direita antipartido e antissocialistas

e aqueles que, ao mesmo tempo que apoiavam o Partido e o socialismo, defenderam ideias errôneas ou cometeram atos errôneos, escreveram maus artigos ou obras cujo conteúdo deixa a desejar.

Muito se caçou do fato de a Revolução Cultural ter designado autoridades do PCC como pessoas "engajadas na via do capitalismo". Pois bem, pudemos ver a estupidez dessas zombarias! Foi efetivamente sob a direção de Deng Xiao Ping, qualificado durante a Revolução Cultural como "o segundo [depois de Liu Shao-chi] entre os mais altos responsáveis engajados na via capitalista", e sob a palavra de ordem de Deng segundo a qual "o desenvolvimento é a única verdade", que a China se tornou uma das mais temíveis nações capitalistas do mundo contemporâneo. Ou seja, a Revolução Cultural, pelo menos tal como Mao a concebia, era de fato um levante contra uma tendência fortemente enraizada no partido. O fracasso desse levante foi, na luta entre as duas vias que é o núcleo de toda política contemporânea, uma vitória decisiva, em escala mundial, da via capitalista.

Podemos então formular o problema fundamental da política comunista na China dos anos 1960: se o partido, que deveria ser ao mesmo tempo o chefe do Estado e o guia das massas, é grandemente infectado por tendências de tipo capitalista e burguês, como é possível que se constitua uma força capaz de restabelecer em larga escala a força da via comunista? Defrontado, pelo menos é o que ele dizia, com problemas comparáveis, Stálin escolheu a via da mais extrema repressão policial e organizou num nível sem precedentes uma prática de terror cujo efeito principal foi o desaparecimento, na União Soviética, de tudo que pudesse se assemelhar a uma verdadeira política. Mao, ao contrário, escolheu ficar do lado das massas, afirmar que "temos razão de nos revoltar contra os reacionários" e tentar assim uma politização nova, inclusive, já que era necessário, contra a pesada tutela do Partido Comunista. Para isso, deixou que se alastrassem nas universidades, entre 1965 e 1967, e depois nas fábricas, a partir de 1967, formidáveis revoltas de massa. É nesse contexto que se deve compreender a visão maoista da Revolução Cultural, tal como é apresentada na "Decisão em dezesseis pontos". Ela pode ser resumida em três ideias:

– É preciso inevitavelmente que se levante uma ação de massa, primeiro na juventude, depois no mundo operário e até no mundo camponês.

– Esse movimento de massa deve, sem dúvida, visar um expurgo no partido, mas também uma ativação, por toda parte, dos princípios comunistas em todas as formas da vida social, da vida coletiva.

– Devem surgir novas organizações populares, provindas do movimento e capazes, no futuro, de vigiar o partido, de garantir, a todo instante, uma circulação positiva entre o que se afirma no movimento de massa e as decisões tomadas pelo Estado.

Quanto ao movimento de massa, a escolha feita, bastante arriscada como a sequência o mostrará, é uma liberdade democrática sem precedentes concedida às mobilizações da juventude em todo o país. É preciso imaginar o que significava essa liberdade quase total concedida a milhões de jovens, essa democracia de massa face à qual nossas "democracias" fazem figura de velhas carolas. O texto a seguir, que constitui o ponto 4 da "Decisão", merece ser citado a todos que alegam que a China sob Mao era um estado "totalitário":

Na grande revolução cultural proletária, as massas só podem se libertar por si mesmas e não se pode de maneira nenhuma agir no lugar delas.

É preciso confiar nas massas, apoiar-se nelas e respeitar seu espírito de iniciativa. É preciso rejeitar o medo e não recear os tumultos. O presidente Mao sempre nos ensinou que uma revolução não pode se realizar o tempo todo com elegância e delicadeza, doçura, amabilidade, cortesia, comedimento e generosidade de alma. Que as massas se eduquem nesse grande movimento revolucionário e façam a distinção entre o que é justo e o que não é, entre a forma certa e a errada de agir!

É preciso utilizar plenamente o método dos jornais murais com caracteres graúdos e dos grandes debates, para permitir manifestações amplas e francas de opiniões, a fim de que as massas possam expressar suas visões justas, criticar as visões errôneas e denunciar os gênios maléficos. Dessa maneira, as grandes massas poderão elevar sua consciência política na luta, aumentar sua capacidade e seus talentos, discernir o que é justo e o que não é e discernir os inimigos que se dissimulam no meio delas.

Evidentemente, tal liberdade de ação concedida às massas provoca nos militantes e, sobretudo, nos quadros do partido, habituados a uma espécie de impunidade, uma grande perturbação e um longo período de hesitação e de incertezas. É precisamente nas condições dessa perturbação que se impõe uma espécie de regeneração de uma militância imersa na estabilidade burocrática do poder de Estado, por seu confronto um tanto brusco com uma sequência revolucionária.

A "Decisão", no ponto 3, analisa de modo bastante completo as possíveis reações dos quadros do partido-Estado diante do maciço levante da juventude e dos operários. Nas duas extremidades, por assim dizer, encontramos duas categorias: a dos organismos oficiais cuja "direção é controlada por elementos [...] que detêm postos de direção, mas se engajam na via capitalista"; e a dos quadros e militantes que aderem com entusiasmo ao movimento em curso, que "se mantêm na linha de frente do movimento e ousam mobilizar as massas sem restrição". Os primeiros "têm um medo extremo de ser denunciados pelas massas" e "buscam todos os pretextos para reprimir o movimento". Os segundos "dão prioridade à política proletária". Essas duas categorias representam claramente, no seio do próprio partido, a luta entre as duas vias. Aqueles que pertencem à segunda são "militantes comunistas intrépidos", destinados a substituir os primeiros.

O problema mais complexo é posto pela categoria intermediária. Nela encontram-se aqueles que não compreendem o sentido dessa nova grande luta e que, "agarrando-se às velhas regras, não querem romper com os procedimentos rotineiros nem seguir adiante". Encontram-se aí também aqueles que cometeram erros ou se deixaram levar pela negligência em seu trabalho cotidiano. Quanto a esses pequenos quadros, é preciso conseguir, por meio de uma paciente resolução das contradições no seio do povo, que acabem por "aceitar a crítica das massas" e se juntem à corrente principal do movimento.

Assim, o movimento é como uma espécie de arejamento de toda a aparelhagem do partido, porque a luta política o reconduz a suas origens propriamente revolucionárias e o tira da ameaçadora letargia que ganha a subjetividade política quando crê poder tomar a forma de uma sinecura profissional.

Por fim, e sobretudo, a Revolução Cultural traz o que será um pouco depois chamado de "sangue novo proletário", sob a dupla forma de jovens recrutas que mostraram seu valor no movimento e novas organizações de massa destinadas a entrar em dialética com o partido e assim bloquear seu torpor e a tentação de obter as facilidades aparentes da via capitalista.

A "Decisão", em seu ponto 2, aclama o surgimento de uma nova geração de possíveis militantes comunistas nos seguintes termos:

> Um grande número de jovens revolucionários, ainda há pouco desconhecidos, tornaram-se, no decorrer da grande revolução cultural, corajosos pioneiros. Deram prova de

vigor e de sabedoria. Sob a forma de jornais murais com caracteres graúdos e de grandes debates, por uma ampla e livre expressão de opiniões, por uma denúncia completa e por uma crítica profunda, lançaram uma ofensiva resoluta contra os representantes da burguesia, seja os que agem abertamente, seja os que estão dissimulados. Em um movimento revolucionário de tamanha envergadura, é inevitável que tenham uma ou outra insuficiência, mas a sua orientação geral foi correta. É a corrente principal da grande revolução cultural proletária.

Mas o ponto sem dúvida mais importante diz respeito ao surgimento de novas formas de organização. Ele é aclamado com uma ênfase particular no ponto 9 da "Decisão":

> Muitas coisas novas começaram a surgir no movimento da grande revolução cultural proletária. Os grupos e os comitês da revolução cultural, bem como outras formas de organização, criadas pelas massas em numerosas escolas e numerosos organismos, são algo novo e de uma grande importância histórica.
>
> Os grupos, comitês e congressos da revolução cultural são as melhores formas novas de organização nas quais as massas se educam sob a direção do Partido Comunista. Constituem um excelente ponto que permite a nosso Partido manter um contato estreito com as massas. São órgãos de poder da revolução cultural proletária.

É nesse ponto crucial que os dirigentes maoistas fazem expressamente referência à Comuna de Paris. Depois de ressaltar que essas novas organizações saídas das massas "não devem ser temporárias e sim permanentes, destinadas a funcionar por muito tempo", a "Decisão" legisla para garantir seu caráter totalmente democrático:

> É necessário aplicar um sistema de eleições gerais semelhante ao da Comuna de Paris, para eleger os membros dos

grupos e dos comitês da Revolução Cultural e os representantes no congresso da Revolução Cultural. As listas dos candidatos devem ser propostas pelas massas revolucionárias após amplas consultas e as eleições só ocorrerão depois de sucessivas discussões dessas listas pelas massas.

As massas têm a qualquer momento o direito de criticar os membros dos grupos e dos comitês da Revolução Cultural e os representantes eleitos ao congresso da Revolução Cultural. Os referidos membros e representantes podem ser substituídos por eleição ou destituídos pelas massas após discussões caso se mostrem incompetentes.

A Revolução Cultural, entre outras coisas, é também a concepção de novas formas do poder de Estado, marcadas por um impulso democrático perto do qual as cerimônias eleitorais dos países capitalistas são meras caricaturas, e representa um passo à frente na direção do enfraquecimento do Estado, portanto de um princípio fundamental do comunismo.

5. MAO TSE-TUNG, NOME PRÓPRIO DA OBRA POLÍTICA DENOMINADA "REVOLUÇÃO CULTURAL"

É preciso acabar com a ideia disseminada de que a GRCP foi "comandada" por Mao e dominada por um culto à personalidade. Os textos e as ações principais dessa revolução nunca evocam Mao como pessoa. Não se trata, como era o caso na época de Stálin, de um herói de olhar de aço e um chefe todo-poderoso. O que se menciona constantemente é "o pensamento de Mao Tse-Tung". Esse deslocamento, da pessoa para o pensamento, é considerável. Significa que a Revolução Cultural não é dirigida pelos talentos de chefe de Mao, mas que, como obra política de massa, está impregnada das ideias políticas, antigas ou novas, que ele transmitiu ou sintetizou. Na realidade, o nome próprio "Mao" designa a unidade possível das ideias sob as quais é possível pensar na ação em curso, que é em si mesma uma criação: de fato, antes da Revolução Cultural nunca existiu uma revolução interna a um país dirigido por um Estado dito "socialista", mas praticamente idêntico a um partido que se declara comunista. O nome "Mao" é o do pensamento político imanente a essa revolução sem precedentes na história. Designa não um comando pessoal do processo. Como está dito no ponto 16 da "Decisão", "o pensamento de Mao Tse-Tung deve ser considerado o nosso guia de ação na Revolução Cultural". Trata-se, portanto, de se servir do que há de eventualmente universal em um pensamento político para inventar e ordenar o que se está inventando. O começo da "Decisão" é claro sobre essa questão:

> A grande revolução cultural proletária em curso é uma grande revolução que toca o homem no que ele tem de mais profundo. Ela representa uma nova etapa, marcada por maior profundidade e maior amplitude de desenvolvimento da revolução socialista em nosso país.

Essa "nova etapa", marcada por uma importante transformação da própria subjetividade política – no que ela tem de "mais profundo" –, pode ser indexada, quanto a seu novo caráter absoluto, ao nome próprio "Mao", não só, e nem sequer principalmente, porque ele foi um ator vivo dela, mas porque os esquemas mentais essenciais transmitidos por Mao eram requeridos para que o movimento de massa, suas organizações e a esquerda do partido pudessem se unificar em torno da criação de uma nova figura concreta da política na direção do comunismo.

Desde o começo da Revolução Cultural, o culto a Mao e sua exaltação abstrata foram em grande parte obra de grupos direitistas. Na sequência, no momento da intervenção maciça do exército no campo político, Lin Piao ascendeu aos mais altos graus da escala do poder, na intenção de transformar a Revolução Cultural num simples movimento de estudo, deixando inalteradas as estruturas hierárquicas. Para isso, colocou Mao acima de tudo e especialmente acima de qualquer processo real que visasse mudar, na direção do comunismo, as formas do poder de Estado. Por essa razão, passou a terminar todas as suas intervenções com a imutável oração:

> Viva o marxismo, o leninismo, o pensamento-maotsetung, sempre vitoriosos! Viva o presidente Mao, nosso grande educador, grande dirigente, grande comandante em chefe e grande piloto! Que ele viva muito, muito tempo!

Depois da queda de Lin Piao, Mao revelou que este tinha pretendido "transformá-lo [ele, Mao] em Buda proletário e enviá-lo ao céu". Contra esse "culto" deletério e enganador, a esquerda do movimento na China se serviu dos escritos e do pensamento de Mao, depois das palavras "Mao" e "maoismo", do mesmo modo que meus camaradas e eu nos servíamos durante os "anos vermelhos" após 1968: como índice de transmissão de um pensamento que podia servir, quando nos encontrávamos diante da situação sem precedentes da degenerescência dos partidos "comunistas", para superar seus impasses e reencontrar, reinventar no real uma orientação política em ruptura verdadeira com a dominação capitalista.

Por isso, enuncio aqui que, assim como Robespierre e Saint-Just são os símbolos verbais da parte viva da Revolução Francesa, assim como Toussaint Louverture é o nome próprio da Revolução Haitiana, Lênin, da Revolução Russa, ou Castro, da Revolução Cubana, Mao é o nome que concentra a infinidade latente da Revolução Cultural. O que, insisto, não é uma questão de poder e de culto, mas de pensamento coletivo de valor universal, ainda que frequentemente, em seu momento histórico, derrotado, como o foram em todo caso Robespierre e Mao.

6. CONCLUSÃO

Assim, a "Decisão", indexada pelo nome "Mao", orienta todo o processo da Revolução Cultural para um dispositivo complexo da organização comunista e uma nova visão da política como tal. Ao face a face dualista e, por conseguinte, antidialético e opressivo do partido-Estado e das massas operárias, sucede um dispositivo de três, ou mesmo quatro, termos. O Estado evidentemente permanece. Mas, segundo as prescrições mais essenciais do marxismo, espera-se que ele enfraqueça – para isso, diz Mao, serão necessárias muitas outras revoluções culturais... Esse enfraquecimento supõe que a direção do processo comunista não fique totalmente concentrada no partido. Ou, ainda, que é preciso proibir a fusão do partido com o Estado. Para isso, não há outro recurso senão uma vigilância permanente do partido pelas massas, mesmo se valendo, se a via capitalista se afirmar de novo, de movimentos populares de grande amplitude, com base no modelo da Revolução Cultural. Sendo todo movimento por natureza circunstancial, portanto destinado a desaparecer, é preciso que restem dele traços reais, muito tempo depois desse desaparecimento, na forma de organizações novas, distintas do partido, ainda que mescladas a ele na discussão do que é necessário conservar e implementar das proposições políticas provenientes do movimento. Essas organizações populares têm relação com os aspectos mais radicais da Comuna de Paris – ou, eu acrescentaria, dos sovietes russos em 1917.

O conjunto de quatro termos constituído pelo Estado pós-revolucionário, o Partido Comunista, o movimento de massa e as organizações transitórias daí resultantes, compõe na realidade o que desde os anos 1920 Mao denominava o "poder vermelho". Ele consagrou um texto notável para responder à pergunta "Por que o poder vermelho pode existir na China?". É somente sob a garantia desse poder que se pode dar início às realizações propriamente comunistas. Um único exemplo: o desaparecimento da oposição entre trabalho manual e trabalho intelectual. O ponto 10 da "Decisão" trata disso:

> A educação deve estar a serviço da política do proletariado e se combinar com o trabalho produtivo, a fim de que todos aqueles que recebem a educação possam se desenvolver moral, intelectual e fisicamente para se tornarem trabalhadores cultos dotados de uma consciência socialista.

A Revolução Cultural foi vencida pela coalizão eclética da maioria medrosa dos quadros do partido, sobretudo nas províncias; do exército, como sempre conservador; e do espírito pequeno-burguês – mistura de anarquismo e de arrivismo – de um grande número de dirigentes estudantis engajados na ultraesquerda. Com exceção de um período em Xangai com Chang Chun Chiao (a experiência do que foi chamado "a Comuna de Xangai"), ela sofreu da falta de dirigentes capazes de sustentar sua invenção e sua duração. Por isso, não foi possível que o "poder vermelho" se mantivesse na China dos anos 1970. Mas sua fórmula permanece e a meditação sobre seus ensinamentos deve estruturar qualquer empreendimento político que vise sair do pântano capitalista contemporâneo.
A Revolução Cultural é a Comuna de Paris da época finda dos "Estados socialistas": um dramático fracasso, é certo, mas fundador de um tempo novo da política. Devemos estudar sua aventura, assim como o pensamento de Lênin se alimentou do acontecimento parisiense.

SOBRE O AUTOR

Alain Badiou nasceu em 1937, em Rabat, no Marrocos. Vive em Paris e é considerado um dos filósofos mais importantes da atualidade. Atua também como romancista e dramaturgo. Entre 1956 e 1961, estudou filosofia na École Normale Supérieure de Paris, onde atualmente é professor emérito, e fundou o Centre International d'Étude de la Philosophie Française Contemporaine. Entre 1969 e 1999, lecionou na Université Paris 8. É filho de Raymond Badiou, nome que se destacou durante a Resistência Francesa. Participou das manifestações do Maio de 1968, fundou o Parti Socialiste Unifié (PSU) e foi um dos dirigentes da L'Union des Communistes de France Marxiste-Léniniste (UCF-ML), organização maoista francesa. Entre 1985 e 2007, fez parte da Organisation Politique, grupo de extrema-esquerda.

INDICAÇÕES BIBLIOGRÁFICAS

IVAN DE OLIVEIRA VAZ

A seguir, algumas obras em torno do pensamento político de Alain Badiou.

PRINCIPAIS OBRAS DE FILOSOFIA

Théorie du sujet [Teoria do sujeito]. Paris: Seuil, 1982.

L'Être et l'événement. Le Seuil, 1988 [ed. bras.: *O ser e o evento*, trad. Maria Luiza X. de A. Borges. Rio de Janeiro: Zahar / Editora UFRJ, 1996].

Logique des mondes: L'Être et l'événement, 2 [Lógica dos mundos: O ser e o evento, 2]. Paris: Seuil, 2006.

OBRAS DEDICADAS À POLÍTICA OU A CONCEITOS RELEVANTES PARA O PENSAMENTO POLÍTICO DE BADIOU

L'Aventure de la philosophie française depuis les années 1960. Paris: La Fabrique, 2012 [ed. bras.: *A aventura da filosofia francesa desde os anos 1960*, trad. Antônio Teixeira e Gilson Iannini. São Paulo: Autêntica, 2015].

Théorie de la contradiction [Teoria da contradição], *De L'idéologie* [Da Ideologia] e *Le Noyau rationnel de la dialectique hégélienne* [O núcleo racional da dialética hegeliana], reunidas e publicadas no volume *Les Années rouges* [Os anos vermelhos]. Paris: Les Prairies Ordinaires, 2012.

Peut-on penser la politique? [Pode-se pensar a política?]. Paris: Seuil, 1985.

Manifeste pour la philosophie [Manifesto pela filosofia]. Paris: Seuil, 1989.

Abrégé de metapolitique [Apanhado de metapolítica]. Paris: Seuil, 1998.

Le Siècle. Paris: Seuil, 2005 [ed. bras.: *O século*, trad. Carlos Felício. São Paulo: Ideias e Letras, 2007].

Saint Paul: La Fondation de l'universalisme. Paris: PUF, 1997 [ed. bras.: *São Paulo: a fundação do universalismo*, trad. Wanda Caldeira Brant. São Paulo: Boitempo, 2009].

Circonstances, 1: Kosovo, 11-septembre, Chirac / Le Pen [Circunstâncias, 1: Kosovo, 11 de setembro, Chirac / Le Pen]. Paris: Leo Scheer, 2003.

Circonstances, 2: Irak, foulard, Allemagne / France [Circunstâncias, 2: Iraque, o véu, Alemanha / França]. Paris: Leo Scheer, 2004.

Circonstances, 3: Portées du mot "juif" [Circunstâncias, 3: As dimensões da palavra "judeu"]. Paris: Leo Scheer, 2005.

Circonstances, 4: De quoi Sarkozy est-il le nom? [Circunstâncias, 4: Sarkozy é o nome de quê?]. Paris: Éditions Lignes, 2007.

Circonstances, 5: L'Hypothèse communiste. Paris: Éditions Lignes, 2009 [ed. bras.: *A hipótese comunista*, trad. Mariana Echalar. São Paulo: Boitempo, 2012].

Circonstances, 6: Le Réveil de l'Histoire [Circunstâncias, 6: O despertar da história]. Paris: Éditions Lignes, 2011.

Circonstances, 7: Sarkozy: pire que prévu. Les autres: prévoir le pire [Circunstâncias, 7: Sarkozy, pior que o esperado. Os outros: esperar o pior]. Paris: Éditions Lignes, 2012.

Circonstances, 8: Un parcours Grec [Circunstâncias, 8: Trajetória grega]. Paris: Éditions Lignes, 2016.

L'Idée du communisme [A ideia do comunismo], com Slavoj Žižek. Paris: Éditions Lignes, 2010.

La République de Platon. Paris: Fayard, 2012 [ed. bras.: *A República de Platão recontada por Alain Badiou*, trad. André Telles. Rio de Janeiro: Zahar, 2014].

À la recherche du réel perdu. Paris: Fayard, 2015 [ed. bras.: *Em busca do real perdido*, trad. Fernando Scheibe. São Paulo: Autêntica, 2017].

Éloge de la politique [Elogio da política]. Paris: Flammarion, 2017.

Quel communisme? [Qual comunismo?]. Paris: Bayard, 2015.

Que faire? [Que fazer?]. Paris: Philosophie Éditions, 2014.

La Rélation énigmatique entre philosophie et politique [A relação enigmática entre filosofia e política]. Paris: Germina, 2011.

ÍNDICE ONOMÁSTICO

Althusser, Louis **92**
Aristide, Jean-Bertrand **34**
Brecht, Bertolt **92**
Castro, Fidel **34, 103**
Chang Chun Chiao **105**
Chávez, Hugo **34**
Chen Tsai-tao **77, 79**
Chiang Kai-shek **65**
Chu En-lai **70, 74, 77, 79**
Clément, Catherine **32**
Couthon, Georges **34**
Deng Xiao Ping **61-62, 74, 96**
Espártaco **35**
Fouquier-Tinville, Antoine **71**
Kiang Tsing **79, 80**
Kuai Ta-fu **81**
Lavoisier, Antoine **71**
Lazarus, Sylvain **60**
Lênin (Vladimir Ilyitch
    Uliánov) **32, 34-35, 45-47,
    48, 51, 53-56, 58, 63, 103, 105**
Lin Piao **62, 73, 79, 81, 102-03**
Lissagaray, Hippolyte
    Prosper-Olivier **35**

Liu Shao-chi **62, 96**
Louverture, Toussaint **35, 103**
Mao Tse-Tung **31-32, 34-35,
    55, 60-70, 73, 74, 78-85, 88,
    90-98, 101-04**
Marx, Karl **39, 52, 57, 74**
Mathiez, Albert **34**
Michelet, Jules **34**
Müntzer, Thomas **35**
Peng Chen **62**
Peng Teh-huai **62**
Robespierre, Maximilien
    de **34-35, 103**
Saint-Just, Louis Antoine León
    de **34-35, 103**
Sartre, Jean-Paul **42**
Schmitt, Carl **93**
Stálin, Josef **49, 54, 63, 65,
    93, 96, 101**
Trótski, Leon **35, 46**
Varlin, Louis Eugène **35**
Wang Li **77-79**

COLEÇÃO EXPLOSANTE

COORDENAÇÃO Vladimir Safatle

Em um momento no qual revoluções se faziam sentir nos campos da política, das artes, da clínica e da filosofia, André Breton nos lembrava como havia convulsões que tinham a força de fazer desabar nossas categorias e limites, de produzir junções que indicavam novos mundos a habitar: "A beleza convulsiva será erótico-velada, explosante-fixa, mágico-circunstancial, ou não existirá". Tal lembrança nunca perderá sua atualidade. A coleção Explosante reúne livros que procuram as convulsões criadoras. Ela trafega em vários campos de saber e experiência, trazendo autores conhecidos e novos, nacionais e estrangeiros, sempre com o horizonte de que Explosante é o verdadeiro nome do nosso tempo de agora.

TÍTULOS

Petrogrado, Xangai, Alain Badiou
Escritos de Carlos Marighella, Vladimir Safatle (org.)
Alienação e liberdade, Frantz Fanon
Guerras e capital, Éric Alliez e Maurizio Lazzarato
Governar os mortos, Fábio Luís Franco

Possuir, Monique David-Ménard
Fazer da doença uma arma, SPK

© Ubu Editora, 2019
© La Fabrique Éditions, 2018

IMAGEM DA CAPA Performance durante a Revolução
Cultural, *c*. 1966. AKG-images/Pictures From History.

COORDENAÇÃO EDITORIAL Florencia Ferrari
ASSISTENTES EDITORIAIS Isabela Sanches e Júlia Knaipp
PREPARAÇÃO Cacilda Guerra
REVISÃO Rita de Cássia Sam e Marília Kodic
DESIGN Elaine Ramos
ASSISTENTE DE DESIGN Livia Takemura

Nesta edição, respeitou-se o novo
Acordo Ortográfico da Língua Portuguesa.

Dados Internacionais de Catalogação na Publicação (CIP)
Elaborado por Odilio Hilario Moreira Junior – CRB-8/9949

Badiou, Alain [1937–]
Petrogrado, Xangai: as duas revoluções do século XX /
Alain Badiou; tradução Celia Euvaldo. – São Paulo: Ubu
Editora, 2019. Título original: *Petrograd, Shanghai: Les deux*
révolutions du XXe siècle. / 112 pp. / ISBN 978 85 71260 19 1

1. Ciências sociais. 2. Política. 3. Revoluções – século XX.
I. Euvaldo, Celia. II. Título.

	CDD 303.64
2019-1314	CDU 323.272

Índice para catálogo sistemático:
1. Ciências sociais: revoluções 303.64
2. Política: revoluções 323.272

UBU EDITORA
Largo do Arouche 161 sobreloja 2
01219 011 São Paulo SP
(11) 3331 2275
ubueditora.com.br
professor@ubueditora.com.br
🄵 🄾 /ubueditora